KB069108

애커로프가 들려주는
레몬 시장 이야기

애커로프가 들려주는

레몬 시장 이야기

최병서 지음 · 남기영 그림

(주)자음과모음

책머리에

　우리의 삶은 수많은 선택을 필요로 합니다. 아침에 눈을 뜨면 커피를 마셔야 할지를 고민하고, 학교나 직장에는 무엇을 타고 가야 할지, 점심 메뉴는 무엇으로 하는게 좋을지 등을 끊임없이 선택하며 살아야 합니다.

　그런데 일상 속에서 이루어지는 수많은 의사 결정은 경제 문제와 연관되어 있는 것이 대부분입니다. 대학 진학과 취업을 사이에 두고 고민하는 경우나, 결혼을 하는 문제 등 인생의 크고 작은 문제들은 모두 경제적 선택과 관련이 있습니다. 인간을 경제적 동물이라고 부르는 것도 우리의 삶 자체가 이러한 경제적 선택의 연속이기 때문입니다.

　그렇다면 이러한 경제적 선택은 어떤 과정을 통해 이루어질까요? 만약 어떤 평범한 직장인이 출근길에 지하철을 이용한다고 합시다. 이 경우에 그가 아무리 오랫동안 습관처럼 지하철을 이용해 왔다고 하더라도, 알고 보면 여러 교통수단 중에 최적의 것을 선택한 결과일 수 있습니다. 이때 최적이란 말은 선택에 따르는 금전적 비용과 시간적 비용을 모두 고려했을 때 가장 효율적인 경우라는 뜻이지요.

　그런데 이러한 최적의 선택을 위해서는 여러 대안들에 대한 충분한 정보가 필요합니다. 정보가 없으면 불확실한 상황에서 선택을 할 수밖에 없지요. 그런 경우에 대부분의 소비자들은 시장에서 손해를 보게 됩니다. 이 책에서는 바로 이와 같은 문제를 구체적으로 다루게 될 것입니다.

이 책의 키워드는 세 가지입니다. 불확실성과 정보, 그리고 우리의 주요 분석 대상인 레몬 시장입니다. 이 세 가지 키워드는 서로 밀접하게 관련이 있는데, 애커로프와 함께 하는 수업을 통해서 정보의 비대칭 문제와 관련된 다양한 이야기를 들어보도록 합시다.

최병서

도덕적 해이는 원래 거래 당사자 간의 계약이 이루어
진 후에 서로에 대한 의무를 소홀히 하는 경우를 말하
는데, 1997년에 발생한 우리나라의 외환 위기도 경제
주체들의 도덕적 해이가 한 원인이 되었다. 최근에는
그 의미가 더욱 확장되어서 경제 사회 전반의 비윤리
적인 행위를 뜻하기도 한다.

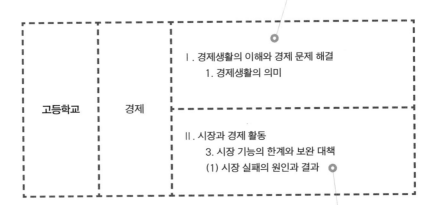

| 고등학교 | 경제 | I. 경제생활의 이해와 경제 문제 해결
　1. 경제생활의 의미 |
| | | II. 시장과 경제 활동
　3. 시장 기능의 한계와 보완 대책
　(1) 시장 실패의 원인과 결과 |

시장 경제에서는 각자가 자유롭게 경쟁하면서 자신의 이익을
추구하는 과정에서 경제가 효율적으로 운용될 수 있다. 이렇게
완벽한 시장을 위해서는 완전 경쟁의 조건이 충족되어야 하는
데 공급자와 수요자의 수가 아주 많거나, 거래되는 모든 상품이
동질적이어야 한다. 또한 시장에 참여하는 모든 경제 주체가 완
전한 정보를 가지고 있어야 하기 때문에 현실에서는 이를 충족
하기가 쉽지 않다. 때문에 시장의 실패가 발생하게 되는 것이다.

	세계사	조지 애커로프	한국사
1940		미국 코네티컷 주 뉴헤이븐에서 출생	
1945			8·15 광복
1957	유럽 경제 공동체(ECC) 결성		우리말 큰사전 완간
1962		예일 대학교 졸업	제1차 경제 개발 5개년 계획
1966		매사추세츠 공과 대학교에서 박사 학위 취득	
1967	제3차 중동 전쟁	인도 통계 연구소 객원 교수로 재직(~1968)	제2차 경제 개발 5개년 계획
1969	아폴로 11호 달 착륙	하버드 대학교 연구원으로 재직	
1970		「레몬 시장」 논문 발표	
1972			제3차 경제 개발 5개년 계획
1973	제1차 석유 파동	대통령 경제 자문 위원회 선임 위원으로 재직(~1974)	6·23 평화 통일 선언
1977		버클리 캘리포니아 대학교 교수로 재직(~1978) 연방 준비 제도 이사회 객원 연구 위원(~1978)	제4차 경제 개발 5개년 계획 수출 100억 달러 달성
1978		런던 경제 대학교 교수로 재직 (~1980)	자연 보호 헌장 선포
1980	이란-이라크 전쟁	버클리 캘리포니아 대학교 경제학과 교수로 재직 중(~현재)	5·18 민주화 운동
1994		브루킹스 연구소 선임 연구 위원 및 미국 경제학회 부회장 역임	
1995	세계 무역 기구(WTO) 출범		한국, UN 안보리 비상임 이사국 피선
2009		『야성적 충동』 로버트 실러와 공저로 출간	

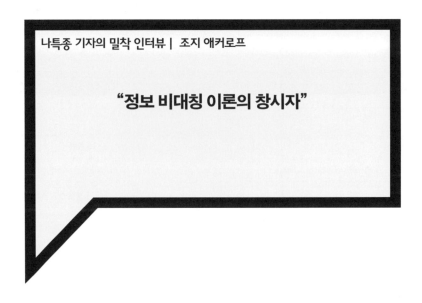

"정보 비대칭 이론의 창시자"

여러분, 안녕하세요. 오늘은 정보 경제학의 발판을 마련하신 애커로프 선생님께서 '레몬 시장 이야기'를 들려주실 것입니다. 그럼 본격적인 수업에 앞서, 이 자리에 애커로프 선생님을 모시고 간단한 인터뷰를 시작하겠습니다.

안녕하세요, 선생님. 이렇게 뵙게 되어 영광입니다. 먼저 학생들에게 인사 한 말씀 부탁드릴게요.

반갑습니다. 나는 정보 비대칭 이론을 창시한 조지 애커로프입니다. 여러분에게 재미있는 경제 이야기를 들려 줄 주인공이지요. 하하.

네. 지금까지 어떤 과정을 거쳐 이 자리까지 오셨는지 듣고 싶은데요. 선생님께서는 미국에서 태어나신 것으로 알고 있습니다.

네. 맞습니다. 1940년, 미국 코네티컷 주 뉴헤이븐에서 태어났지요. 그리고 그곳에 있는 예일 대학교를 졸업하고, 1966년에 보스턴에 있는 매사추세츠 공과 대학(MIT)에서 박사 학위를 취득했어요. 이후, 하버드 대학교 연구원을 거쳐, 영국 런던의 이코노믹스쿨 경제학 교수, 인도 통계 연구소 객원 교수를 지냈답니다. 그리고 지금까지는 줄곧 미국 서부에 있는 버클리에 위치한 캘리포니아 대학교에서 교수로 일하고 있지요.

학문 연구와 교육에 힘쓰신 만큼 사회적으로도 활발한 활동을 하셨다고 하는데요.

네. 정부의 경제 정책에도 많은 참여를 했지요. 대통령의 경제 자문 위원회 선임 위원으로 활동을 했고, 미국의 중앙은행 역할을 담당하는 연방 준비 제도 이사회(Federal Reserve Board)의 연구 위원을 지냈어요. 또한 브루킹스 연구소 선임 연구 위원 및 미국 경제학회 부회장 등을 역임했답니다.

캘리포니아 대학교 버클리 캠퍼스

그렇군요. 선생님께서는 '정보 비대칭 이론의 창시자'라고 불리시는데, 대표적인 업적에 대해서 말씀해 주시지요.

나는 1970년 「레몬 시장The Market

for Lemons」이라는 논문을 발표했어요. 제 자랑 같아서 좀 쑥스럽습니다만, 사람들은 이를 기념비적인 논문으로 평가한답니다. '품질의 불확실성과 시장 메커니즘Quality Uncertainty and the Market Mechanism'이라는 논문의 부제를 통해서 알 수 있듯이 정보의 비대칭성 문제와 시장 기능 간의 관계를 보다 명쾌하게 분석해 냈기 때문입니다.

논문의 제목이 무척 흥미롭습니다. 어떤 내용을 담고 있나요?

시장 체제가 잘 작동하기 위해서는 정보가 사람들에게 충분히 전달되는 것이 중요합니다. 시장에 참여하는 사람들 사이에 정보의 격차가 생기면, 시장이 제대로 작동하지 않아서 누군가는 결국 손해를 보기 때문이에요.

이 논문에서는 중고차 시장을 예로 들어 설명합니다. 일반적으로 중고차를 사려는 사람이 파는 사람보다 상대적으로 정보가 부족합니다. 그래서 소비자가 흠이 있는 차를 비싼 값에 속아 사는 경우가 발생하지요. 이렇게 흠이 있는 차를 '레몬'에 비유하여 정보 비대칭성의 문제를 분석한 것이 레몬 시장 이론입니다.

재미있는 분석입니다. 그런데 중고차 시장을 예로 삼은 특별한 이유가 있나요?

음, 이와 관련해서는 캘리포니아 대학교 버클리 캠퍼스에서 조교수로 지내던 시절, 경제적으로 빠듯한 형편이라 중고차를 구입할 수밖에 없었던 경험을 바탕으로 했다는 추측도 있는데, 틀린 말은 아닙니다. 캘리포니아는 차 없이는 살기 어려운 지역이었는데, 사람들이 구입한 중고차는 생각보다 좋은 차가 아니어서 수리비가 추가로 드는 경우가 많았지요.

나는 이론 경제학자였던 만큼 소비자들이 거래를 통해서 이득을 얻지 못하고, 시장이 비효율적으로 움직이는 것을 이론적으로 분석하고 증명해 보이고 싶었답니다. 이를 위해서는 정보의 비대칭성 문제가 여실히 드러나는 중고차 시장이 가장 적당한 사례가 될 수 있었지요.

그렇군요. 이러한 분석은 그 후에도 많은 경제학도들이 불확실성 이론을 아주 명쾌하게 접할 수 있도록 하는데 큰 도움이 되었는데요. 2001년에 받은 노벨 경제학상은 바로 그 공로를 인정받은 결과겠지요?

네. 그 해에 스웨덴 왕립 아카데미는 나를 포함해서 스탠포드 대학의 마이클 스펜스(A. Michael Spence) 교수와 컬럼비아 대학의 조지프 스티글리츠(Joseph E. Stiglitz) 교수, 이렇게 세 명의 미국 경제학자들을 수상자로 선정했어요. 우리 세 사람은 모두 경제에 있어서 정보의 중요성과 그 역할에 대해서 분석한 바 있는데, 이는 모두 현대 정보 경제학(The Economics of Information)의 핵심적 이론의 토대가 되었지요. 이로써 정보의 비대칭성이 시장과 경제에 미치는 영향을 분석하여 경제학에서 불확실성 이론을 확립하는데 결정적인 공헌을 한 셈이에요.

불확실성하에서의 경제 이론은 전통적인 경제 이론과 어떻게 다른가요?

전통적으로 경제학 교과서에서 다루는 완전 경쟁적인 시장 이론은 시장의 참여자인 생산자와 소비자가 시장에 대한 정보를 완전하게 가지고 있다는 전제로부터 도출된 것입니다. 모든 경제 주체가 동등한 수준의 정보를 지닌 상태에서 움직인다고 본 것이지요. 이러한 이상적인 형태의 시장에서는 시장 참여자들이 자신의 이익을 스스로 극대화할 수 있어요.

하지만 현실에서는 반드시 완전 경쟁적인 시장의 모습이 아닌 경우가 많지요. 그래서 불확실성하에서의 경제 이론은 전통적인 경제 이론의 입장이 실제의 현실 경제에는 들어맞지 않는다는 사실로부터 출발했어요. 정보가 충분히 주어지지 않거나, 한쪽에만 편중되어 있는 경우에 시장의 작동은 원활할 수 없기 때문이에요. 게다가 정보가 부족한 주체는 경제 활동 과정에서 손실을 입게 되지요. 이것이 바로 전통적인 경제 이론의 전제와는 크게 다른 점입니다.

이 이론은 지난 1970년대 이후 경제학에서 활발히 연구되어온 분야로, 개발 도상국의 전통적 농업 시장에서부터 선진국의 금융 시장에 이르기까지 폭넓게 응용되고 있는 대단히 중요한 이론 분야라고 할 수 있답니다.

개발 도상국
산업의 근대화와 경제 개발이 선진국에 비해서 뒤떨어진 국가를 말합니다.

그렇군요. 선생님께서는 그동안 훌륭한 저술도 많이 하셨다고 들었습니다. 구체적으로 좀 소개해 주시지요.

나는 그동안 꾸준히 관심 분야에 대한 책들을 써왔어요. 대표적으

로는 『경제학자의 우화집An Economic Theorist's Book of Tales』, 『사회
관습이론A Theory of Social Custom, of Which Unemployment May Be One
Consequence』, 그리고 『카스트 제도와 생쥐 경쟁 이야기의 경제학The
Economics of Caste and of the Rat Race and Other Woeful Tales』 등이 있지
요. 이러한 책들을 통해서 사회적으로 중요한 이슈가 되고 있는 문제
들을 다루기도 했어요. 단순하면서도 명료한 모형을 통해서 그러한
주제가 내포하고 있는 경제적 의미를 독자들에게 정확하게 보여주려

고 노력했지요.

　　최근에 쓰신 책도 큰 화제가 되었다고 알고 있습니다.

　네, 『야성적 충동 Animal Spirit』이란 책인데요, 한국에서도 상당한 인기를 누렸다고 들었습니다. 이 책을 같이 쓰신 로버트 실러(Robert James Bob Shiller)는 미국의 부동산 가격 지수를 개발하고, 미국 부동산 시장의 경기 침체를 예측하여 유명해 진 분이기도 합니다. 그와 함께 쓴 이 책은 2007년 세계적 경제 위기를 이해하고 설명하는데 아주 중요한 책으로 평가받고 있어요.

　　그렇군요. 그럼 끝으로 선생님의 경제 철학에 대해서 한 말씀 부탁드려도 될까요?

　네. 나는 사람들에게 경제학의 기본 원리를 충실하게 알리고 싶었어요. 경제학은 대단히 멋진 학문이거든요. 특히 전통적인 경제 이론과 달리 폭넓은 분야를 경제학의 모형 안에 포함시키고 싶었어요. 주류의 신고전파 경제학자들은 비경제적으로 보이는 요인들을 제외하거나 변하지 않는다고 간단히 가정해 둠으로써, 사회 심리적이고 인류학적인 변수들을 무시해 버렸지요.

　하지만 나는 경제 모델의 구성 요소에 대한 성격에 제한을 두는 어떤 규칙도 인정할 수 없었어요. 그래서 앞서 말했던 요인들을 나만의 연구 영역에서 중요한 변수로 간주했지요. 이를 통해 정보의 비대칭성에 관한 연구 외에도 노사 간 또는 노동자 상호 간의 사회 심리적인 요인이 노동 시장의 효율성에 미치는 영향이나 종래의 낡은 사회 관습이 경제 효율성에 미치는 부정적인 영향, 그리고 인도에서의 경험을 통해서 인도의 카스트 제도가 갖는 문제점을 나만의 경제 모형 테두리 안에서 분석했답니다.

예, 유익하고 소중한 말씀 대단히 감사합니다. 선생님의 말씀을 들으니 정보 비대칭 이론에 대해서 더 깊게 알고 싶어지네요. 이어질 수업이 정말 기대됩니다. 그럼 인터뷰는 여기서 마치고 본격적인 수업에 들어가 봅시다. 지금까지 나특종 기자였습니다.

불확실한 미래의 위험

경세 활동에서 상황을 예측하는 일은 매우 중요합니다. 이는 합리적인 선택에 큰 영향을 끼치기 때문이지요. 하지만 현실에서는 불확실한 상황으로 인해 위험을 감수해야 하는 경우가 많습니다. 경제학에서 말하는 불확실성이란 어떤 의미일까요?

수능과 유명 대학교의 논술 연계

고려대 2011학년도 수시 논술 [인문계 B]

완전한 예측의 가능성

우리가 사는 세상에 확실한 것은 아무 것도 없습니다. 가끔은 우리가
확실히 안다고 생각했던 것들도 불확실하거나 잘못된 정보일 경우가
많지요. 그 이유는 무엇일까요? 개인적인 차원에서 보면 단순한 착각
이나 망각에 의한 것이라고 생각할 수 있겠지만, 사회 전체적인 차원
에서 보면 정보의 부재 또는 부족으로 인한 결과라고 볼 수 있습니다.

그렇다면 한 가지 예를 들어 봅시다. '지구가 과연 둥근가?' 하는
질문에 대해 어떻게 생각하십니까? 지구가 둥글다는 사실은 어린아
이도 다 아는 이야기가 되었고, 지금 그 사실에 이의를 제기한다면 이
상한 사람 취급을 받을 수도 있어요. 너무 당연한 이야기니까요.

하지만 불과 몇 백 년 전만 해도 지구가 둥글다고 주장하는 사람은
갈릴레오 갈릴레이(Galileo Galilei)처럼 종교 재판을 받아야 했어요.

갈릴레오 갈릴레이의 초상화

당시의 사람들에게는 지구가 둥글다는 사실은 도저히 받아들여질 수 없는 일이었기 때문이지요.

그러나 이러한 잘못된 믿음은 자연법칙에 대한 과학적 논리와 지구에 대한 사실적 정보에 의해서 결국은 배격되고 말았어요. 물론 전통을 고수하려는 경향이 무척 강한 나라인 영국에서는 이직도 '평평한 지구클럽(Flat Earth Society)'이 있다고 하니, 참 놀라운 사실이죠? 하하.

자, 그럼 이제 시간의 관점에서 한번 살펴볼까요? 우리는 현재의 시점 이전, 그러니까 과거에 일어났던 일들에 대해서만 확실하게 말할 수 있어요. 현재 이후의 시점에 관해서는 아무 것도 확실한 것이 없기 때문이지요. 내일 일을 그 누가 알 수 있겠습니까? 예를 들어, 내가 산 복권이 당첨이 될지, 아니면 당첨된 사실을 은행에 확인하러 가다가 과속으로 질주하는 트럭에 비명횡사할는지는 아무도 알 수 없는 일이지요.

누구나 한번쯤은 미래의 불확실한 상황을 예측하는 상상을 해 본 적이 있을 것입니다. 그래서인지 이러한 소재는 소설이나 영화에서 자주 등장하지요. 어렸을 적에 읽었던 『괴도 루팡』을 보면 '내일신문'이 등장하는데, 이 신문을 손에 넣은 주인공은 이를 통해 엄청난 돈을 벌게 됩니다. 미래의 일을 확실히 알 수 있다는 것은 다가올 손해에 대비하는 것은 물론 이익이 되는 선택을 할 수 있다는 뜻이기 때문이지요.

이와 관련하여 청소년들이 꼭 볼만한 영화중에 〈Back to the Future〉란 영화가 있습니다. 이 영화의 2편에 나오는 『스포츠 연감』은 내일신문의 결정판이라고도 할 수 있지요. 미래에 있을 모든 경기의 결과를 미리 안다는 것은 모든 내기에서 이길 수 있다는 얘기니까요.

물론 내일신문이 없더라도 우리가 미래에 대한 완전한 정보를 모두 가질 수 있다면, 우리의 예측은 미래에 그대로 '실현'될 수 있을 것입니다. 마치 우리가 모든 과학적인 관측기구를 동원해서 내일의 날씨에 대한 확실한 정보를 얻게 되면, 내일의 날씨를 거의 정확하게 맞출 수 있는 것과 같은 이치죠. 이러한 예측을 경제학에서는 완전한 예측(perfect foresight)이라고 합니다.

그렇다면 이러한 예측은 과연 가능한 것일까요? 전통적인 경제학에서는 완전한 경쟁 시장을 가정하여 각 경제 주체에게 완전한 정보가 주어진다고 보았습니다. 때문에 이러한 경우에는 합리적인 선택에 따른 효율적인 자원 배분이 이루어질 수 있지요.

완전한 예측에 대한 생각은 경제학뿐만 아니라 다른 분야에서도 다루고 있습니다. 여러분 중에 알버트 아인슈타인(Albert Einstein)을 모르는 사람은 거의 없을 것입니다. 아인슈타인은 상대성 이론을 발표함으로써 삼라만상의 움직임에 대한 정확한 예측을 가능하게 한 것으로 유명하지요. 상대성 이론을 통해 천체의 움직임에 대한 불확실성을 크게 제거한 그는 이러한 움직임을 하나의 거대한 법칙

알버트 아인슈타인

으로 확실하게 설명하려고 했습니다.

　그런데 만약 우리에게 생기는 모든 일을 확실하게 예측할 수 있다면 어떨까요? 그렇게 되면 불확실성으로 인해 발생하는 세상의 많은 문제들이 해결될 수 있어서 매우 편리할 거예요. 하지만 한편으로 생각해 보면 굉장히 무미건조한 세상이 될 수도 있겠지요.

　우리가 살아가는 세상에서 미래의 일은 불확실할 수밖에 없지만 어찌 보면 미래가 불확실하기 때문에 더욱 살아볼 만한 가치가 있는지도 모릅니다. 모든 것이 확실하고 기계적인 결정론에 의해 움직인다면 일상에서 만나게 될 새로운 일에 대한 기대나 즐거움이 사라져 버릴 수도 있기 때문이지요.

　아인슈타인과 더불어 20세기 최고의 물리학자로 인정받고 있는 이가 리처드 파인만(Richard Phillips Feynman)입니다. 물리학 교과서와 함께 『파인만 씨, 농담도 잘 하시네Surely You're Joking, Mr. Feynman』라는 재치가 번뜩이는 수필집으로도 유명하지요. 그는 뉴욕 타임스에 기고한 글에서 아인슈타인과 베르너 하이젠베르크(Werner Karl Heisenberg)와의 논쟁에 관해 이런 글을 쓴 적이 있어요.

베르너 하이젠베르크
독일의 물리학자로서, 불확실성 이론을 주장한 학자로 유명합니다.

　"나는 아인슈타인 박사가 상정하고 있는 완전한 결정론적인 세상에서는 살고 싶지 않다. 그런 세상에서는 내가 새로운 즐거움을 찾을 수 없을 테니까 말이다."

　그는 이러한 우회적인 표현으로 하이젠베르크의 손을 들어준 것입니다. 조금 이해하기 어려운 이야기이지만 그 논쟁의 배경에는 아

아인슈타인이 남긴 유명한 어록이 있습니다. "신은 인간과 주사위 놀음을 하지 않는다."는 말이지요. 이 말은 신이 우주와 세상을 창조했을 때 그 운행이 질서정연한 조화와 법칙에 따라서 이루어지도록 한 것이므로, 그 운동 법칙도 불확실하고 불완전하지는 않을 것이라는 아인슈타인의 신념을 피력한 것입니다. 그는 죽을 때까지 신의 오묘한 법칙이라고 할 수 있는 **통일장 이론(Unifying Theory)**을 연구하다가 결국 뜻을 이루지 못하고 세상을 떠났지요. 이 연구는 지금도 많은 물리학자들에 의해 활발히 진행 중이라고 합니다.

> **통일장 이론**
> 우주의 운동 법칙을 지배하는 네 가지 힘을 하나의 이론으로 통합하는 작업을 말합니다.

우산 장수와 선글라스 장수의 고민

미래의 일은 불확실하므로 그에 대한 결정을 미리 해야 할 경우에는 위험(risk)이 따르기 마련입니다. 예를 들어, 캄캄한 밤에 운전을 하는데 가로등이 없다면 어떨까요? 아마도 앞이 보이지 않아서 매우 위험할 것입니다. 이는 길의 상태에 관한 정보를 얻을 수 없기 때문입니다. 어디쯤에 길이 패고 끊겼는지, 어디에 장애물이 서 있는지 미리 볼 수 없어서 앞에 웅덩이가 있는 줄도 모르고 가다가 빠져버릴 위험도 있지요.

만약에 그 사실을 미리 알 수 있다면 충분히 피해갈 수도 있을 거예요. 길에 관한 정확한 정보는 많은 위험을 피할 수 있게 도와주기 때문이지요. 자동차의 헤드라이트는 바로 이런 사고의 위험을 방지하는 역할을 합니다. 운전자에게 미리 길의 상태를 알려주기 때문입니다.

이렇게 미래의 불확실성으로 인한 위험을 제거하기 위해서는 무엇보다도 많은 지식과 정보가 필요합니다. 이는 미래 사회로 갈수록 정보의 중요성이 강조되는 것과 같은 맥락이지요. 때문에 정보는 불확실한 미래에 대비해서 현재의 의사를 결정하는데 가장 중요한 역할을 하게 됩니다.

그럼 이와 관련하여 재미있는 이야기를 하나 해 볼까요? 우리가 흔히 볼 수 있는 길거리의 노점상을 생각해 봅시다. 한 사람은 우산을 팔고, 다른 사람은 선글라스를 판다고 할 때, 어떤 사람이 물건을 더 팔아서 매상을 많이 올릴 수 있을까요?

이를 추측하기 위해서는 다양한 변수들을 생각해 볼 필요가 있어요. 먼저, 좌판을 벌리는 길목이 중요하겠지요. 그 길목을 지나다니는 사람들의 하루 평균 통행량에 대해서 파악해 두면 기본적인 수요를 짐작해 보는데 큰 도움이 될 거예요.

이외에도 두 노점상의 판매에 결정적인 차이를 가져다주는 변수는 바로 '날씨'입니다. 선글라스와 우산은 각각 서로 다른 상황의 날씨에 사용되어지는 물건이기 때문이지요. 따라서 내일 날씨가 어떨 것이냐에 따라 장사의 성패가 결정된다고 해도 과언이 아닙니다.

만약 날씨가 화창하면 선글라스 장수는 좋아하겠지만 우산 장수는 울상이 될 거예요. 반대로 비가 온다면 우산 장수는 바쁘겠지만 선

글라스 장수는 장사를 망치게 되겠지요. 그러니 장마철에는 선글라스 장수가 우산 장수로 변신을 하게 될지도 모를 일입니다.

그런데 이렇게 중요하면서도, 정확히 예측할 수 없는 게 바로 날씨라는 변수입니다. 과연 '내일 비가 올 것인가 아니면 맑을 것인가'하는 것은 아무도 정확하게 예측할 수가 없지요. 그래서 날씨에 대한 정보는 대단히 중요합니다. "정보는 돈이다."라는 격언이 그대로 적용되는 경우라고도 할 수 있지요. 이 경우에는 일기 예보가 장사꾼의 판매에 큰 영향을 끼치는 중요한 정보이기 때문에 "날씨가 곧 돈"이 됩니다. 단순해 보이는 길거리 장사에서도 미래에 대한 정보는 이렇게 중요합니다.

그래서 최근에는 날씨 정보 회사와 같이 날씨에 대한 정보를 제공해 주고 서비스료를 받는 벤처 기업이 생겨날 정도라고 합니다. 이같은 서비스는 실제로 어부들이 출어(出漁)의 시기를 결정하는 데에도 큰 도움을 주며, 대형 야외 콘서트를 준비하는 단체가 공연 날짜를 결정하는 일에도 중요한 정보를 제공하게 됩니다.

이와 관련하여 날씨의 장기적 예보 역시 중요합니다. 특히 냉장고나 에어컨, 선풍기를 비롯하여 아이스크림이나 청량음료 등을 판매하는 회사들에게 다가올 여름철의 날씨에 관한 정보는 대단히 중요합니다. 이에 기초해서 생산량을 결정하고, 생산 시설 확장에 대한 투자를 해야 하기 때문이지요.

하지만 기상청이나 날씨 정보 회사도 다가올 미래의 날씨를 완벽하게 예측할 수는 없습니다. 그래서 이에 대한 대비책으로 선택의 다양화를 꾀하는 방법을 생각해 볼 수 있지요. 이를 전문 용어로 **포트폴리오** 선택(portfolio selection)이라고 합니다. 분산 투자(diversification)로 투자 위험을 최소화할 수 있다는 전략이지요. 이는 위험을 최소한으로 줄이는 일에 있어 매우 강력한 무기가 될 수 있답니다.

만약 우산과 선글라스를 모두 가지고 있는 어떤 장사꾼이 내일은

포트폴리오
주식 투자를 할 때 위험을 줄이고 투자 수익을 극대화하기 위한 목적으로 여러 종목의 주식에 분산 투자하는 방법입니다.

무엇을 팔아야 할지 고민하고 있다고 합시다. 이때, 두 가지 상품 중에 어느 하나를 선택하기보다 차라리 두 상품을 반반씩 챙겨서 나가는 것은 어떨까요? 그러면 어떤 날씨에도 적절히 대응할 수 있어서 잘못된 선택에 따른 위험과 손실을 50%는 줄일 수 있게 될 거예요.

서양 속담 중에도 "달걀을 한 바구니에 담지 마라(Don't put all your eggs in one basket)."는 말이 있지요. 이것은 마치 증권 투자에서 손해를 줄이기 위해 품목을 다양화하는 것과 같은 이치라고 할 수 있어요. 물론 이러한 선택의 가장 큰 이점이 미래를 예측하는데 수반되는 비용을 줄일 수 있다는 것도 무시할 수 없어요. 마치 장사꾼이 다음 날 비가 오든지 맑든지, 날씨의 변화를 고려하는 데 많은 시간과 에너지를 쓰지 않아도 되는 것처럼 말이지요.

도쿄 전력과 도쿄 가스 회사 간의
손해보전

　최근 일본에서는 일기 예측 정보에 기초해서 상품을 생산하고 판매한 회사가 그 예측이 맞지 않아 손실을 보게 되면 이를 보전해 주는 보험 상품이 등장했다고 합니다. 또한 2002년에는 일본의 도쿄 전력과 도쿄 가스 회사가 여름 기온 변동에 따른 수익 감소분을 서로 보전해 주는 계약을 하기도 했습니다.

　여름에 이상 저온이 계속되면 냉방용 전력 수요가 줄어 도쿄 전력의 수익이 감소하는 반면, 기온이 올라가면 가스 수요가 줄어 도쿄 가스가 손해를 보게 되기 때문이지요. 이는 결국 서로 상반된 수익 구조를 갖고 있는 두 회사가 날씨에 따른 위험을 줄이려는 시도인 것입니다.

　양측은 과거 40년간 8월과 9월의 하루 평균 기온을 분석해서 기준 온도를 26도로 설정했어요. 그리고 이 기준보다 0.5도 이상 높아지면 도쿄 전력이 도쿄 가스에, 그리고 0.5도 이상 낮아지면 도쿄 가스가 도쿄 전력에 보상금을 지급하도록 한 것이지요.

　보상금은 하루 0.1도당 80만 엔(830만 원)이었는데, 극단적인 이상 기온이 나타나는 경우에 한 쪽의 부담이 너무 커지는 것을 방지하기 위해 지급액의 상한선을 7억 엔으로 정했다고 합니다. 이 계약에 따라 두 회사는 실제로 수익 감소분 중 30%가량을 보전할 수 있게 되었답니다.

기대와 공정한 게임

기대란 불확실한 미래에 대한 심리석 예측에서 생겨납니다. 그리고 이러한 예측은 실질적으로 경제에 영향을 미치기도 하지요. 경제학에서 기대는 어떤 역할을 하는지 알아봅시다.

수능과 유명 대학교의 논술 연계

2007학년도 수능 경제 18번

경제를 움직이는 기대 심리

사람들의 기대 심리가 현실 경제에 가장 크게 반영되는
분야가 있다면 바로 인플레이션(inflation)을 꼽을 수 있을
것입니다. 많은 사람들이 앞으로 물가가 오르리라고 전
망하면, 실제로 물가가 상승하는 현상이 발생하기 때문
이에요. 재화 시장과 같은 실물 시장(實物市場, real market)
에서 물가 상승의 요인이나 그와 관련된 압박이 존재하
지 않더라도 말이지요.

　이러한 기대를 인플레적 기대(inflationary expectation)라고 부릅니
다. 심리적으로 물가에 대한 상승 기대가 형성되면, 개인들이 이에 따
라 경제 행위를 하기 때문에 실제 시장에서 물가 상승이 실현된다는
거예요. '보이지 않는 것에 의해서 실제로 보이게 되는 현상'이라고

인플레이션
화폐의 가치가 하락하여 물가가
전반적·지속적으로 상승하는 경
제 현상입니다.

실물 시장
실제의 상품이나 주식이 거래되
는 시장입니다.

할 수 있지요. 하지만 이러한 현상은 경제에 도움이 되지 못하는 경우가 많습니다.

그럼 이와 관련한 몇 가지 이야기를 살펴볼까요? 먼저 월드 시리즈가 열리는 야구장에서 흔히 벌어지는 일입니다. 경기가 한창 진행되는 중에 한 타자가 홈런을 치면, 앞자리에 있던 사람 중에 하나가 벌떡 일어나는 경우가 있습니다. 물론 경기의 상황을 더 자세히 관람하기 위한 것이지만 초만원인 경기장은 그로 인해 큰 파장이 생깁니다.

시야가 가려져 제대로 볼 수 없게 된 주변의 사람들이 순차적으로 일어서면서, 경기장의 대다수가 서서 경기를 관람하는 상황이 됩니다. 그렇게 되면 앉아서 관람할 때와는 큰 차이가 없게 될 거예요. 모두가 같은 기대를 가지고 행동했지만, 결국에는 의도했던 효과를 보지 못하게 되는 것이지요.

또 다른 경우를 볼까요? 추운 겨울날, 기름 값이 오르리라고 기대한 사람이 난방용 석유를 현재 자신이 필요로 하는 수요 이상으로 구매하려고 합니다. 이때 다른 사람들에게도 이와 같은 기대 심리가 퍼지게 되면 시장에서 난방용 석유의 수요가 증가하게 될 것입니다. 그렇게 되면 현재 시장의 수요와 공급 상황으로는 석유의 가격이 오를 이유가 없음에도 불구하고, 실제로 그 가격이 오르게 되지요. 이로 인해 결국 모든 사람들이 함께 피해를 보게 되는 것입니다.

경제에서 '균형'을 이야기할 때도 이러한 기대의 개념을 응용할 수 있습니다. 균형은 대체로 수요와 공급이 일치하는 것을 말하는데, 어떤 경제 행위의 예측된 값이 그 행위의 실현된 값과 같아지는 상황 역시 균형 상태라고 합니다. 알기 쉬운 예를 하나 들어봅시다.

한 아이가 처음으로 뷔페식당에 갔다고 합시다. 이런 식당에서는 일정한 가격을 지불하고 나면, 자기가 먹고 싶은 만큼 마음대로 먹을 수 있다는 장점이 있지요. 이를 알고 있는 아이는 접시에 넘치도록 많은 음식을 가져오려고 노력할 것입니다. 하지만 생각했던 것과는 달리 담아간 음식을 모두 먹을 수 없다는 사실도 알게 되겠지요.

그리고 그 다음번부터는 음식을 남기지 말라는 부모님의 말씀에 유의하면서 자신이 먹을 수 있는 양만큼 담으려고 노력할 겁니다. 물론 적정량을 조절하는데 실패할 수도 있을 거예요. 하지만 처음에 남긴 것보다는 적은 양을 남기게 되겠지요. 중요한 것은 이러한 시행착오를 통해서 점차 자신이 먹을 수 있으리라고 기대한 적정량만큼만 가져와서 남김없이 먹을 수 있게 된다는 것입니다. 이러한 상태도 바로 일종의 균형 상태인데, 경제학에서는 구체적으로 '기대적 균형'이라고 부른답니다.

앞에서도 이미 이야기했듯이, 우리가 미래에 대해 완전한 정보를 갖는 것은 거의 불가능합니다. 하지만 현재 주어진 정보에 따라 미래에 대한 합리적인 기대를 가질 수는 있지요. 이러한 사고에서 출발한 일부 경제학자들은 수리적으로 상당히 정교한 모형을 발전시켰는데, 이를 '합리적 기대 가설(rational expectation hypothesis)'이라고 부릅니다.

이에 대해 정부의 **금융 정책**을 예로 들어봅시다. 중앙

> **금융 정책**
> 중앙은행이 물가 안정 등을 위해 통화량이나 이자율을 조절하는 금융 조정으로, 통화 정책이라고 말하기도 합니다.

통화

거래에서 지급 수단이나 유통 수
단으로서 기능하며 국가가 공식
적으로 지정하여 쓰는 돈, 즉 은
행권과 정부 발행의 지폐 및 주
화를 말합니다.

이자율

화폐를 빌리는 것에 대하여 지불
하는 가격을 이자라고 하는데,
이때 기간당 지급되는 이자를 원
금의 비율로서 표시한 것을 이자
율이라고 합니다.

은행이 경기 침체 상황에서 경기를 부양시키기 위해서
통화 공급을 늘릴 계획 혹은 **이자율**을 내릴 계획을 발표
한다면, 경제에 참여하고 있는 기업이나 소비 주체들은
이러한 정책의 변화를 미래에 대한 기대에 포함시키고
그에 적합한 경제적 행동을 꾀하게 됩니다. 합리적인 기
대에 따라 행동하는 것이지요.

때문에 막상 정부가 계획된 경제 정책을 실제로 수행
할 때는, 그 정책으로부터 기대되는 실물 경제적 효과가
실제로 나타나지 않을 수도 있어요. 이미 경제 주체들이
그 효과를 자신들의 합리적 기대에 반영해 버렸기 때문이지요.

또 하나 좋은 예는 증권 시장에서 흔히 볼 수 있어요. 증권 시장에
서 시세 상승의 요인이 되는 조건, 즉 호재가 되는 뉴스가 있더라도
그것이 실제로 나타나게 될 때는 오히려 증시에 영향을 주지 못하는
경우가 많이 있지요. 가령 남북 관계에서의 호재가 실제로 발표되었
을 때는 주가가 오히려 하락하는 경우를 우리는 왕왕 봅니다. 이것은
이미 증시 참여자들이 그것을 자신들의 매매 전략에 반영시킨 다음
이기 때문입니다.

로스차일드의 교훈

시장에서는 확실한 정보의 확보가 중요하지만 현실은 그렇지 못
하다는 사실에 대해서 이미 여러 번 이야기했습니다. 불확실성이 큰
대표적인 시장으로는 앞에서 이야기한 증권 시장을 꼽을 수 있을 것

입니다. 주가의 움직임은 도대체 예측할 수가 없기 때문에 이에 대한 이론들이 많이 나와 있어요. 그런데 대부분의 결론은 이를 확실하게 예측할 수 없다는 쪽으로 기울어져 있습니다.

주가의 추이는 마치 물속에 잉크 한 방울을 떨어뜨렸을 때처럼 자유롭고, 방향성도 없이 움직인다는 것이지요. 따라서 이를 정형화된 이론으로 설명하거나 예측하기는 무척 어렵습니다. 때문에 이러한 시장에서는 정보가 매우 중요한 역할을 하는데, 이를 증명하는 하나의 역사적 사건을 살펴보도록 하지요.

1815년 6월 20일, 이날은 화요일이었습니다. 그날 아침 런던의 증권 거래소에 한 점잖은 신사가 나타났어요. 그러자 거기에 모여 있던 많은 사람들의 눈이 그에게로 쏠렸지요. 그 점잖은 신사의 이름은 네이선 로스차일드(Nathan Rothschild)였어요.

그는 지금의 거대 금융 회사 '로스차일드'를 일으킨 마이어 암셀 로스차일드(Mayer Amschel Rothschild)의 아들이었어요. 그의 아버지는 독일의 프랑크푸르트(Frankfurt)에서 사업으로 큰돈을 모은 후 아들들을 런던, 파리 등으로 보내서 가문의 사업을 확장하도록 했지요. 네이선은 그 중 셋째 아들로서 아버지의 뜻에 따라 영국으로 이주했는데, 정보의 중요성을 미리 간파했던 그는 로스차일드 가문의 전성기를 실현하는데 큰 역할을 했답니다. 그럼 다시 증권 거래소에 있었던 사람들이 왜 그를 주목하였는지 알아볼까요?

1812년 나폴레옹은 러시아를 향해 파죽지세(破竹之

로스차일드 가문
세계적으로 유명한 유대계 금융 자본가의 일가로서, 국제적인 금융 활동을 하며 각국의 재정에 관여하였으며 지금도 영국, 프랑스, 그리고 미국의 금융계에 막강한 영향력을 행사하고 있습니다.

로스차일드 가문의 무덤

勢)로 진격해 들어갔지만, 러시아의 동장군(冬將軍)은 이길 수가 없어서 퇴각하게 됩니다. 이때의 역사는 레프 니콜라예비치 톨스토이(Lev Nikolayevich Tolstoy)의 대작, 『전쟁과 평화War and Peace』를 보면 생생하게 느낄 수 있지요.

나폴레옹은 러시아에서 후퇴한 후에 결국 실각하여 엘바 섬으로 귀양을 가게 되지만 극적으로 탈출한 후, 서서히 세력을 결집하며 파리로 입성했어요. 그러고는 다시 한번 유럽 정복의 꿈을 불태우게 되지요.

그 후, 워털루에서 벌어진 나폴레옹의 군대와 연합군의 대회전은 유럽 역사의 분수령이 됩니다. 이것이 그 유명한 '워털루 선두'지요. 당시 런던에서는 나폴레옹의 왕성한 기세에 눌려 워털루 전투에 대한 비관적인 전망이 지배적이었어요. 심지어 나폴레옹 군대의 기병대가 연합군의 진지를 격파했다는 소문까지 나돌던 실정이었지요. 그로 인해 증권 거래소에서는 주식이 폭락세를 보였어요.

바로 이러한 상황에서, 네이선이 등장한 것입니다. 당시 사람들이 그를 주목할 수밖에 없었던 것은 그만이 워털루 전투에 대한 정보를 가지고 있을 것이라는 기대 때문이었어요. 당시에는 전화, 팩스, e-mail은 물론 전보나 전신 또한 없었기 때문에 지금에 비하면 통신 수단이 지극히 제한적이었지요.

통신 수단에 관하여 잠시 이야기하자면, 19세기보다 훨씬 이전인 고대 희랍 시대에는 그리스가 페르시아와의 대전투에서 이긴 승전보를 전하기 위해서 아테네까지 42km를 뛰어가야 했던 시절도 있었어요. 반면에 최근에는 정보 통신 기술의 발달로 말미암아 걸프전에서 미국 전폭기가 바그다드를 공습하는 장면을 'CNN방송'이 생중계 하고, 시민들은 전투 장면을 동영상으로 찍어 유튜브(youtube)에 올릴 정도로 모든 사람들에게 시시각각으로 수많은 정보가 전해지고 있지요.

> **유튜브**
> 미국의 인기 있는 무료 동영상 공유 사이트로, 사용자가 영상 클립을 업로드하고, 이를 보거나 서로 공유할 수 있습니다.

그렇다면 19세기에 나름대로 빠르고 효율적인 통신 수단은 과연 무엇이었을까요? 바로 우리가 잘 알고 있는 '비둘기'였어요. 앞에서도 이야기했듯이 로스차일드 가문은 정보력을 중요하게 생각했는데, 그중에서도 네이선은 통신 네트워크 사업에 막대한 투자를 하여 비둘기를 이용한 우편 사업에도 손을 뻗치고 있었지요. 때문에 이미 부를 거머쥔 사업가로 명성을 떨치고 있던 그가 어떤 선택을 할지는 초두의 관심사일 수밖에 없었어요.

워털루 전투에서 영국이 이기면 영국 공채는 폭등할 것이고, 나폴레옹이 이기면 영국 공채는 폭락할 것이기 때문에 남들보다 빨리 그 결과를 알게 된다면 큰돈을 벌 수 있는 상황이었지요. 이를 이미 간파하고 있던 네이선은 영국 정부보다 더 빨리 그 정보를 얻고자 했고,

그가 증권 거래소에 나타났을 때는 비둘기 통신을 통해서 이미 전투의 결과를 알고 난 직후였어요. 영국 정부보다 하루 빨리 정보를 얻은 셈이었지요. 자, 그러면 그는 이 정보를 어떻게 이용했을까요?

6월 18일 당시, 전쟁은 나폴레옹군의 사령관 네이(Ney)가 웰링턴 진지를 함락하여 영국군의 패배가 예상되는 상황에서, 곧이어 프러시아 지원군이 도착하면서 전세는 역전되었어요. 결국 역사가 기록하는 바와 같이, 영국의 웰링턴 장군의 승리로 전투가 끝이 났지요. 이로 인해 영국의 주식 시장에서 채권이나 주식의 값이 폭등하는 것

윌리엄 세드러의 〈워털루 전투〉

은 시간 문제였어요. 하지만 네이선은 뜻밖의 행동을 했습니다.

　많은 사람들이 주시하는 가운데 그는 영국의 채권을 '조금' 팔았습니다. 불확실한 상황에서 자신에게 보내는 사람들의 눈초리에서 기대 심리를 읽고 그것을 역이용한 것이지요. 자신의 행동이 그들에게 일파만파(一波萬波)의 엄청난 영향력을 미칠 것으로 예상하고 있었던 것입니다. 예상대로 이 행동은 사람들에게 "아! 웰링턴 장군이 졌구나."라고 생각하게 하는 분명한 신호가 되었어요.

　이에 모든 사람들이 너나 할 것 없이 그를 따라 영국의 채권을 내다 팔게 되었고, 주식은 엄청난 폭락을 기록하게 되었어요. 하지만 네이선은 그 와중에서도 침착하게 때를 기다렸지요. 그리고 워털루에서 전투의 공식적인 승전보가 런던으로 날아들기 직전쯤에 폭락해 버린 주식을 헐값에 조용히 사들였어요. 이때 로스차일드는 2,500파운드를 투자했다고 하는데, 결국 그 원금의 무려 2,500배의 차익을 거두어 들였다고 하니 정말 놀랍지요? 이 자금이 바로 훗날 영국의 거대 금융 회사인 로스차일드의 종잣돈이 되었다고 합니다.

이 일로 막강한 자본력을 얻게 된 로스차일드가는 유럽 각지에 은행을 설립하여 유럽의 금융에 깊게 개입합니다. 특히 각국에 포진한 다섯 형제들은 서로의 정보 교환을 우선으로 삼았어요. '정보가 곧 돈'이라는 사실을 일찍이 깨달은 것이지요.

이 이야기는 오직 한 사람만이 정보를 독점하고, 다른 사람들에게는 정보가 전혀 없는 상황, 즉 극단적인 **정보의 비대칭**(asymmetric information) 문제가 발생한 경우로 볼 수 있습니다. 특히 정보 독점자가 어떻게 그 정보를 이용해서 자신의 이익을 도모할 수 있는지를 극명하게 보여주는 것이지요. 그 당시 런던 증권 거래소에서는 네이선과 다른 사람들 간에 엄청난 정보의 격차가 있었던 셈입니다.

정보의 비대칭
시장에서 각 경제 주체 사이에 정보 격차가 생기는 상황으로, 그 불균등한 정보 구조를 말합니다.

여러분들은 이 역사적 사실을 통해서 정보의 중요성과 함께 시장에서 사람들의 기대 심리를 파악하고 그것을 잘 이용하는 것이 불확실한 세상을 살아가는데 얼마나 유용한 지혜가 되는지를 깨닫기 바랍니다.

위험에 대한 사람들의 태도

어떤 경제학자들은 불확실성과 위험이라는 두 용어를 개념적으로 같은 범주로 간주하기도 하지만, 또 다른 경제학자들은 이 둘을 구분하기도 합니다. 그래서 불확실성이란 미래에 나타날 사상(事象)의 확률적 분포(probabilistic distribution)조차 알려지지 않은 경우로, 그리고 위험이란 관찰자가 사상의 확률적 분포를 사전적으로 알고 있는 경우로 한정하지요. 예를 들면, 복권은 위험에 속한다고 볼 수 있습니다. 복권에 당첨될 확률은 구입자들이 사전적으로 알 수 있기 때문이지요.

사상
눈으로 관찰할 수 있는 사물과 현상을 말합니다.

그런데 사람들은 각기 취향과 선호가 달라서 같은 내기라고 해도 반응하는 태도가 각각 다릅니다. 어떤 사람들은 이에 기꺼이 참여하려고 하는 반면, 전혀 참여할 의도가 없는 사람들도 있지요. 이들은 내기가 자기에게 유리한 경우일지라도, 불확실성이 조금이라도 내포되어 있는 경우에는 돈을 걸지 않기도 합니다.

첫 번째 수업에서 이야기한 것처럼 미래를 정확히 알 수 있는 신문이 있다면 운동 경기나 경마 등의 내기에서 모두 이길 수 있을 텐데 불행히도 현실에서는 그럴 수 없지요. 그래서 우리는 결과를 정확히 알 수 없는 내기에 자신의 운을 걸게 됩니다. 그럼 이러한 내기와 관련하여 재미있는 영화 이야기를 하나 소개해 볼게요.

예전에 〈80일간의 세계 일주〉라는 유명한 영화가 있었습니다. 이는 프랑스 작가 쥘 베른(Julwa Verne)의 소설을 기초로 한 모험 이야기를 영화화한 것입니다. 영국의 젠틀맨 데이빗 니븐(James David Graham Niven)이 주인공으로 나오는 고전 로드 무비(road movie)라고 할 수 있지요.

이 영화의 주인공은 비행기가 없던 시절임에도 불구하고 80일 만에 세계 일주를 마치겠다는 아주 황당한 내기를 하게 됩니다. 최근에는 불과 24세의 젊은 여성이 혼자 요트만을 타고 94일 만에 세계 일주를 마친 경이적인 기록의 뉴스가 보도된 적이 있었지요. 그만큼 80일 만에 세계 일주를 한다는 것은 쉽지 않은 일이랍니다.

그런데 이 영화의 결말은 아주 흥미롭게 끝납니다. 우여곡절 끝에 80일보다 하루 늦게 도착하게 된 주인공은 낙담을 하지만, 배달된 신문의 날짜를 확인해 보다가 아직 하루가 남아 있다는 사실을 깨닫고 놀라게 되지요. 왜냐하면 세계를 한 바퀴 돌아오면서 날짜 변경선을 지남으로써 하루를 벌었기 때문이었어요! 결국 그는 내기에서 이기게 되었답니다.

이처럼 내기는 예측하기 어려운 위험 요소를 가지고 있기 때문에 항상 공정한 게임이 될 수는 없습니다. 참여자들에게 있어서 가장 공정하고 단순한 내기가 있다면 바로 '동전 던지기'일 것입니다. 예를 들어 두 사람이 동전 던지기를 해서 '앞면'이 나오면 내가 10,000원을 받고, '뒷면'이 나오면 상대방에게 10,000원을 지불한다고 합시다. 이 게임은 어느 쪽에 더 유리할까요?

사실 동전이 똑바로 서있을 가능성이 없고, 누군가 몰래 한 쪽 면이 잘 나오도록 동전을 휘어놓지만 않는다면 어느 한 사람에게 특별히 유리한 게임은 아닐 것입니다. 왜냐하면 동전 던지기에서 앞면이나 뒷면 중, 어느 한 쪽이 나올 확률은 똑같이 1/2이기 때문이지요. 그렇다면 이 내기의 **기대 수입**(exepcted income)을 생각해 봅시다.

동전의 앞면이 나오면 1/2의 확률로 10,000원을 받고, 동전의 뒷면이 나오면 똑같이 1/2의 확률로 10,000원을 잃게 되므로 결과적으로 기대 수입은 0이 됩니다. 즉, 내기를 하기 전에 이 내기에서 기대할 수 있는 사전적 기대값은 내기에 참여하지 않은 상태와 마찬가지인 셈이지요. 이러한 내기를 '공정한 게임(fair game)'이라고 합니다.

만약 어떤 사람이 이런 내기에 대해 '나는 해도 그만, 안 해도 그만'이라고 생각한다면, 내기에 참여하는 것과 하지 않는 경우 중에 어느 한 쪽도 특별히 좋아하지 않는 사람일 거예요. 이런 사람들을 경제학적으로는 무차별적인(indifferent) 선호를 가지고 있다고 하며, 다른 말로는 위험 중립적인(risk neutral) 사람이라고 합니다.

반면에 공정한 게임에도 참여하기를 꺼리는 사람들도 있어요. 이러한 타입의 사람을 위험 회피적인(risk averse) 사람이라고 부릅니다. 만약에 이들이 가지고 있는 돈이 30,000원이라면, 내기를 통해서 '기대되는 금액'이 그와 같더라도 확실한 30,000원을 불확실한 30,000원보다 더 선호할 것입니다. 현실에서는 대다수의 많은 사람들이 위험에 직면하는 경우, 위험 회피적인 성향을 보이는 경우가 보통이지요.

그러나 반대로 공정한 게임에 기꺼이 응할 뿐 아니라, 더 나아가서 자기에게 불리할 수 있는 게임에도 참여하려는 사람을 위험 선호형(risk loving)의 사람이라고 합니다. 흔히 도박장을 즐겨 찾는 사람들이 이 범주에 속하는 부류라고 볼 수 있지요.

카지노가 많아 관광과 도박의 도시로 유명한 미국 라스베가스에는 도박을 즐기러 오는 사람들이 많습니다. 하지만 슬롯머신을 비롯한 어떤 종류의 게임도 확률적으로는 돈을 딸 가능성보다 잃을 가능성이 더 많지요. 때문에 초반에 아무리 돈을 따더라도 게임을 계속하다 보면 결국에는 돈을 잃을 가능성이 큽니다. 물론 이런 부류의 사람들이 있기 때문에 거리에서 복권도 팔리고, 도박장은 황금 알을 낳는

거위와 같이 큰 수입을 얻을 수 있는 것이지요.

복권의 경제적 의미

복권은 당첨될 가능성이 매우 적기 때문에 확률적으로 보면 복권을 사는 사람의 대부분이 돈을 잃게 되어 있습니다. 때문에 정부나 공공 기관과 같은 복권의 시행 기관이 복권을 통해서 많은 수입을 얻을 수 있는 것이지요. 현재 복권 제도를 시행하고 있는 나라는 전세계적으로 대단히 많아요. 이것으로 정부가 집행하는 예산의 상당 부분을 대신하고 있는 것이지요.

이러한 복권 당첨과 관련해서 웃지 못 할 일화도 많답니다. 영국에서는 어떤 사람이 복권을 사고 나서 상의 주머니에 넣어 두었는데, 나중에야 복권의 번호가 당첨된 것을 알고 찾아보니 그 옷을 세탁소에 이미 맡겨놓은 후였지요. 그러자 그는 굴러들어온 대박을 차버렸다는 생각에 크게 상심한 나머지 권총 자살까지 했다고 해요.

한편 독일에서는 어린아이가 산 복권이 당첨되자 그 어머니가 상금을 찾으러 갔는데, 복권을 산 주인공이 어린아이라는 사실을 알아낸 당국이 지불을 거절한 사례도 있었답니다. 왜냐하면 어린이는 복권을 살 자격이 없다는 법이 있었기 때문이지요.

미국에서는 복권에 당첨되면 일 년 안에 당첨금을 찾아가야 합니다. 그런데 어떤 사람이 복권을 사고 나서 이를 잊고 있다가 나중에야 당첨된 것을 알고 찾아갔더니, 유효 날짜를 단 하루 넘겼다는 이유로 그 엄청난 금액을 놓쳐버린 일도 있었어요.

반면 복권을 산 후에 식당에 간 사람이 여자 종업원에게 당첨되면 상금의 절반을 주겠다는 약속을 하게 되었어요. 그리고 실제로 당첨이 되자 정직하게 약속을 이행한 경우도 있었답니다. 정말 꿈같은 일이지요?

미국에서는 몇 주째 복권 당첨자가 안 나와서 엄청나게 상금이 불어날 경우에는 복권 판매소 앞에 많은 사람들이 장사진을 치고 한 시간씩 기다리면서 복권을 살 정도입니다. 많은 사람들이 '이것만 맞으면 내 인생은 엄청 달라지리라.'는 꿈을 가지고 이 대열에 합류하는 것입니다.

그런데 얼마 전에 미국의 유명한 잡지인 『U.S. News & World Report』에서 지난 수십 년 동안 복권에 당첨된 사람들을 추적해서 그 사람들이 어떤 생활을 하고 있는지 특집 보도를 한 적이 있었습니다. 그 결과는 놀랍게도 복권 당첨자의 3/4 정도가 평균적인 수명을 못 채우고 죽었다는 것이었어요.

그 이유로는 물론 여러 가지가 있겠지만, 공통적으로 발견된 두 가지의 중요한 사실 중 하나는 마약이었어요. 이들은 주체할 수 없이 많은 돈으로 호화로운 생활을 하다가 코카인에 손을 대었지요. 또 다른 하나는 이들이 대개 일정한 직업이 없이 지냈다는 사실이에요. 매일매일 일정하게 출근을 하거나 일을 하지 않았기 때문에 결국에는 무기력해질 수밖에 없었고, 이는 그들의 삶을 더욱 피폐하게 만들었답니다.

많은 사람들은 복권 당첨을 큰 행운으로 여기지만 이 조사를 통해 더 큰 불행의 근원이 될 수도 있다는 것을 알 수 있어요. 비록 하찮은 일이라고 느껴질지라도 매일매일 자신이 하고 있는 일은 대단히 소중하고 가치 있는 일이며, 행복의 근원이자, 출발점일 수 있다는 것을 여러분들이 꼭 깨달았으면 합니다.

자, 그러면 이제 본격적으로 위에서 살펴본 복권의 경제학적인 의미를 생각해 보기로 합시다. 복권을 사는 사람들은 대개는 가난한 사람들일 것입니다. 벤츠와 같이 비싼 차를 타고 가는 부자가 복권을 자주 사겠습니까? 물론 아니겠지요. 사실 이와 같은 사실은 복권을 파는 장소를 생각해 보면 금방 알 수 있어요.

뉴욕 같은 대도시를 보면 대개 가난한 이주민이나 불법 체류자들이 많은 지역에 복권 판매소가 많습니다. 영화 〈나홀로 집에〉에 나오는 플라자 호텔과 같은 최고급 호텔 주변에서는 복권 판매소를 거의 찾아 볼 수가 없어요. 어느 나라나 복권 파는 곳은 지하도나 지하철 역 주변의 판매소, 버스터미널 근처의 담배 가게 같은 곳이 대부분이지요. 그 이유로는 통행이 많은 길목이 지니는 입지적인 장점과 함께, 주로 서민들이 복권을 많이 산다는 점 등을 들 수 있어요.

이러한 복권을 발행하는 기관은 국가나 지방 자치 단체입니다. 그렇다면 공공 기관은 왜 복권을 만들어서 판매할까요? 그것은 앞에서도 이야기했듯이 바로 정부의 재원을 확보하기 위해서입니다. 주택 보급을 위한 주택 복권이나, 올림픽 개최에 소요되는 재원을 충당하기 위한 올림픽 복권 등이 흔한 예가 되겠지요. 때문에 복권의 판매로부터 얻어지는 수입은 국가의 입장에서는 일종의 세금과도 같은 것입니다.

그런데 보통 조세(租稅)의 체계는 어느 나라나 대개 가난한 사람은 덜 내고, 부자가 상대적으로 더 많이 내도록 되어 있어요. 그래서 이런 종류의 조세 제도는 누진세(progressive tax)의 구조로 되어 있는 것이 보통이지요. 그것이 조세의 형평성에도 부합되고, 조세를 통해서 일종의 '소득 재분배'의 효과도 얻을 수 있기 때문이에요.

그러나 위에서 언급한 바와 같이 복권에 대한 수요자가 주로 서민들이라면, 복권을 통해서 조달되는 재원은 부자들보다는 서민들의 호주머니로부터 충당될 거예요. 이것은 조세의 형평성이라는 원칙에서 볼 때 거꾸로 가고 있는 셈입니다. 이러한 관점에서 보면 복권은 오히려 역진세(regressive tax)에 해당한다고도 볼 수 있어요. 따라서 복권의 발행에 의한 재정의 확보가 과연 바람직한 것인가의 문제는 논란의 여지가 충분히 있지요. 또한 복권이 사행심을 조장한다는 부정적인 측면도 있기 때문에 복권을 발행하지 않는 나라들도 많답니다.

조세
국가나 지방 자치 단체가 필요한 경비로 사용하기 위해 국민이나 주민으로부터 강제로 거두어들이는 금전을 말합니다.

누진세
세금을 부과하려는 물건의 수량이나 금액이 증가함에 따라 점점 높은 세율을 적용하는 조세로서, 소득 수준이 높아질수록 소득에서 세금이 차지하는 비중이 커지는 조세 제도입니다.

역진세
세금을 부과하려는 물건의 수량이나 금액이 증가함에 따라 세율이 낮아지는 조세로서, 고소득층에게 유리하지만 저소득층에게는 불리하답니다.

사행심
요행을 바라는 마음을 의미합니다.

세르반테스의 지혜

그럼 불확실한 상황에서 위험에 대비하기 위한 방법에는 어떤 것이 있을까요? 이를 위해 첫 번째 수업에서 언급한 노점상의 수익을 여기서 다시 생각해 보기로 합시다. 노점상 주인은 편의상 우산과 선글라스를 동시에 취급할 수 있고, 하루의 매출액은 우산이나 선글라스 모두 똑같이 100이라고 가정합시다. 그리고 날씨는 맑거나 비가 오는 두 가지 경우로만 나눌 수 있고, 두 종류의 날씨가 각각 실현될 확률은 똑같이 1/2이라고 하지요.

그럼 노점 상인이 선글라스 대신 우산만을 가지고 나갔을 경우를 살펴봅시다. 이때 날씨가 맑으면 수입은 0이고, 비가 오면 수입은 100이 될 것입니다. 이때의 기대 수입을 구하려면 어떻게 해야 할까요? 기대 수입은 어떤 사건이 일어날 확률에 그 사건이 일어났을 때 받게 되는 금액을 곱하여서 구한 각각의 기대 소득을 모두 합한 값을 말하는데, 이를 계산하면 다음과 같습니다.

1) 기대 수입=(1/2×0)+(1/2×100)=50

이와 마찬가지로 노점 상인이 선글라스를 가지고 나갈 때도 기대 수입은 50이 됩니다. 날씨가 좋아서 선글라스를 판매했을 때의 매출과 비가 와서 판매하지 못했을 때의 매출이 우산의 경우와 같기 때문이지요.

그러나 그가 우산과 선글라스를 반씩 가지고 나간다면 어떨까요? 날씨가 좋다면 선글라스만 팔아서 50의 매출을 올릴 것이고, 비가 온다면 우산만 팔아서 50의 매출을 올리겠지요. 결국 날씨가 어떻든지 그의 수입은 50이 됩니다. 이때의 기대 수입을 계산하면 다음과 같지요.

2) 기대 수입=(1/2×50)+(1/2×50)=50

앞에서 우산 장수와 선글라스 장수의 기대 수입이 모두 50이었던 것을 생각해 보면 각각의 상품을 반씩 나누어 준비한 경우와 동일한 수입으로 생각할 수 있을 거예요. 그러나 이 두 경우는 이론적으로 현격한 차이가 있답니다.

바로 전자가 '기대 수입'이라는 점입니다. 이는 내일의 날씨를 예측할 수 없는 상황에서 따져볼 수 있는 기대치일 뿐이에요. 그러나 후자는 포트폴리오 선택을 통해 내일 날씨에 대한 불확실성을 제거하는 효과를 지니지요. 날씨에 관계없이 50의 확실한 수입이 보장되기 때문이에요.

그렇다면 사람들은 불확실한 기대 수입과 확실한 수입 중 어느 쪽을 더 선호할까요? 물론 대부분이 확실한 수입을 선호할 것입니다. 때문에 가능하면 불확실성으로 인한 위험을 제거하고 싶어 하지요. 게다가 이 경우에는 불확실성을 제거함으로써 내일의 날씨에 대해서 신경을 쓰지 않아도 되기 때문에 훨씬 효율적이지요.

앞에서도 잠깐 이야기했지만 이러한 성향을 위험 회피적 성향이라고 합니다. 또한 이처럼 확실한 것을 불확실한 것보다 선호하는 것을 가리켜 '확실성 원리', 혹은 '세르반테스의 지혜'라고도 합니다.

이와 관련된 미국 속담으로는 "손 안의 한 마리 새가 덤불 속의 두 마리 새보다 낫다."는 말이 있지요. 이는 상대적으로 적은 수입이더라도 확실한 수입이 위험을 감수하지 않아도 되므로 더 나을 수 있다는 뜻입니다.

합리적 선택이 어려운 이유

경제학자들은 소비자나 생산자가 시장에서 합리적인 경제 행위를 한다고 전제합니다. 이는 각자가 자신의 이익을 극대화하는 의사 결정을 내리고 그에 따른 경제적 선택을 한다는 것으로, 모든 경제 행위의 기초가 됩니다. 이러한 합리적 선택에 있어서 가장 중요한 속성이 바로 선택의 일관성(一貫性)입니다. 그렇다면 선택의 일관성이란 무슨 뜻일까요?

어떤 상황에서 선택 가능한 두 가지의 대안이 있을 때, 그 가운데 한 대안을 더 선호하여 선택한다고 합시다. 이때 다른 선택의 상황에 처하더라도 그 두 가지의 대안에 대해서는 선호의 순서가 변하지 않아야 하는데, 이를 선택의 일관성이라고 합니다. 만약에 경제 행위자가 선택의 일관성을 잃게 되면, 최적의 대안을 선택하지 못하게 될 뿐아니라, 합리적인 예측도 어렵게 됩니다.

또한 합리적 선택은 행위자가 자신이 선택할 수 있는 대안에 대해서 완전한 정보를 가지고 있어서 이들을 비교할 수 있다는 가정 하에 가능한 것입니다. 때문에 그 대안들에 대한 정보를 충분히 가지고 있지 못하다면 일관성 있는 합리적 선택이 불가능할 수도 있겠지요.

보통 이렇게 정보가 부족한 상황에서는 선택에 대한 불확실성이 증가하여 그로 인한 위험 역시 커지게 됩니다. 따라서 불확실성의 정도는 대체로 정보의 양과 반비례한다고 할 수 있지요. 실제로 소비자들이 시장에서 재화를 구매할 때, 그에 대해 완전한 정보를 가지고 있는 경우는 거의 없어요. 따라서 소비자는 잘못된 선택을 하여 손해를 볼 위험에 빠질 수도 있지요. 그렇게 되면 효용을 극대화하는 선택을 하지 못하고, 선택에 대한 일관성도 유지할 수 없게 됩니다.

설명만으로는 좀 추상적이고 어렵게 느껴질 수 있으니 유명한 경제학자 2명의 경제적 선택에 관한 실험을 통해서 알아보기로 하지요.

카너먼의 실험

대니얼 카너먼(Daniel Kahneman)은 2002년도 노벨 경제학상을 수상한 심리학자이자 경제학자로서 경제학에서 '실험'의 중요성을 일깨워 주었습니다. 이른바 '실험 경제학'의 창시자라고 할 수 있지요.

그는 경제학과 심리학의 공통 영역을 개척하여 경제 행위에 대한 다양한 심리학적인 접근을 시도했어요. 특히 스탠포드 대학교의 심리학과 교수였던 아모스 트버스키(Amos Tversky)와 함께 경제적 선택에 관하여 실험에 의거한 연구를 많이 남겼지요.

전통적으로 경제학을 포함한 사회 과학에서 실험은 의미가 없는 것으로 여겨져 왔어요. 왜냐하면 사회 과학은 본질적으로 실험이 필요한 분야가 아니라고 생각했기 때문이에요. 예를 들어, 격심한 사회 변혁을 초래하는 혁명과 같은 개념을 생각해 봅시다. 혁명을 연구하는 학자들이 혁명의 원인과 결과를 실험해 볼 수 있을까요?

혁명의 성공 혹은 실패를 분석하는 과정에서 혁명의 방식과 결과에 대한 실험은 현실적으로 불가능합니다. 다만 **가설**적인 상황에서의 논리적 **귀결**을 이야기할 수는 있겠지요. 왜냐하면 혁명은 이미 과거의 역사적 사실(historical fact)이 되었기 때문입니다.

경제학도 이와 마찬가지입니다. 어떤 경제 정책의 효과를 현실에서 직접 실험해 볼 수는 없습니다. 다만 이론적으로 **모의실험**을 해 볼 수 있을 뿐이지요. 지금부터 소개할 경제 실험은 불확실성하에서 주어지는 위험도의 변화에 따라서 사람들의 선호 체계는 어떤 영향을 받는지에 관한 것입니다. 이는 카너먼과 트버스키 교수에 의한 공동 연구이며 하버드 대학의 학부 학생들이 실험의 대상자로 참여했답니다. 그럼 이제 그 구체적인 실험을 살펴봅시다.

여기에 다섯 장의 카드가 있으며 각 카드에는 빗금 친 원이 그려져 있습니다. 그리고 카드 안에 상금이 표시되어 있어요. 여기에 다트 던지기와 같은 방식으로 게임을 하여 카드의 빗금 친 부분에 맞으면 그 카드에 적힌 상금을 받게 됩니다.

그림에서 보듯이 카드 A에서 카드 E로 옮겨 갈수록 빗금 친 부분이 아주 조금씩 넓어지고 있어요. 반면에 각 카드의 상금은 반대로 카드 E로 갈수록 0.25달러씩 줄어들고 있지요. 여기서 두 장씩 무작위로 뽑아서 그 두 카드 중 어느 것을 택할 것인가, 즉 둘 중 어느 카드

가설
어떤 사실이나 이론을 통일적으로 설명하기 위해 설정된 가정을 말하며, 이것이 관찰이나 실험에 의해 검증되면 가설의 위치를 벗어나게 됩니다.

귀결
어떤 결말이나 결과에 이른다는 뜻으로, 주로 일정한 논리적 전제로부터 이끌어 내게 되는 결론을 말합니다.

모의실험
사회의 복잡한 현상이나 문제는 실제로 다루기는 힘들기 때문에 모형을 만들어서 실험함으로써 그 특성을 해석하고 해결하는 것으로, 시뮬레이션이라고도 합니다.

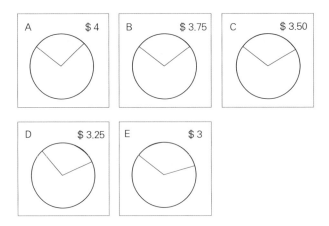

로 게임을 할 것인가를 각자 정해 봅시다. 그리고 이러한 선택 과정
(pair-wise comparison)을 지속적으로 반복하게 합니다.

실제로 학생들에게 이와 같은 실험을 해 보면 정말 여러 가지 선택
을 하는 것을 볼 수 있어요. 일관되게 카드 A를 다른 카드들보다 선호
하기도 하고 반대로 카드 E를 다른 카드들보다 선호하기도 합니다.
아니면 오히려 중간을 취하여 카드 C를 선호하는 경우도 있고, 또
다른 선택을 하는 학생도 있었지요. 물론 여기에는 정해진 올바른
순서 체계가 있는 것은 아니에요. 그것은 각자의 선호에 따른 선택
일 뿐입니다.

그럼 이제 카너먼과 트버스키에 의한 실험의 결과를 좀 더 구체적
으로 알아봅시다. 실험에 참가한 10명의 하버드 학생들은 어떤 선택
을 했을까요? 이들이 행한 반복적인 실험의 결과는 만장일치(滿場一
致)적인 것은 물론 아니었으나 다수의 학생들이 어떤 공통적인 형태

를 보여주고 있었어요. 10명 중 8명 정도의 학생이 다음과 같은 선호 체계를 가지고 있음이 밝혀졌지요.

이들은 카드 A와 B를 비교했을 때, 카드 A를 선택했으며, 카드 B와 C 중에서는 카드 B를, 그리고 카드 C와 D 중에서는 카드 C를, 그리고 카드 D와 E 중에서는 카드 D를 선택했어요. 이러한 선택의 결과로 생각해 보면 카드 A를 카드 E보다 더 선호하는 것이라고 예측할 수 있겠지요. 그러나 그들의 선택의 결과는 정반대로 카드 E를 카드 A보다 선호하는 것으로 나타났어요. 이로써 일관성 있는 합리적 선택의 체계가 무너졌다고 볼 수 있지요. 이들이 가장 선호하는 카드가 어느 것인지 알 수 없게 된 거예요.

그러면 이들은 경제적 합리성이 결여되어 합리적인 판단과 선택을 하지 못한 것일까요? 그건 아마도 아닐 것입니다. 하버드 대학의 학생 정도라면 대단히 논리적이고 합리적인 판단을 할 만한 능력이 있을 것입니다. 그런데 그들은 왜 이와 같은 선택을 하게 된 것일까요?

이렇게 비(非)일관적이며 비합리적인 그들의 선택에도 나름대로 합리적인 설명이 가능하답니다. 카너먼과 트버스키에 의하면 학생들은 두 카드를 비교했을 때 확률의 차이가 미세할 경우에는 대체로 상금이 큰 쪽을 선택하는 경향을 보였다는 것입니다.

카드 A와 카드 B를 비교할 때 확률, 즉 빗금의 넓이는 차이가 별로 없지만 상금은 카드 A가 0.25달러 더 큰 것을 알 수 있지요. 결국 큰 차이가 없는 두 장의 카드를 점진적으로 비교했을 때는 상금이 큰 것을 선택하여, A 〉B 〉C 〉D 〉E의 선호 체계를 보이는 것입니다.

그러나 카드 A와 카드 E를 직접 비교했을 때 카드 E를 더 선호한 것은 확률의 차이가 매우 큰 경우에 이들이 다른 선택을 한다는 것을 보여줍니다. 이때는 상금보다는 확률이 더 큰 쪽을 선호하였다는 것이지요.

이 설명에 의하면 학생들의 선택에도 어느 정도의 합리성이 있다고 추측해 볼 수 있어요. 이들의 선택이 비록 선호 체계의 일관성을 깨뜨리는 비합리적인 것으로 보여도, 그 이유를 들여다보면 반드시 비합리적인 선택을 한 것은 아닌 것이지요.

카너먼과 트버스키의 두 번째 실험

그럼 조금 다른 실험을 살펴봅시다. 앞에서와 마찬가지로 다음 두 개의 카드 중에서 하나를 선택하는 실험입니다.

카드 A에는 원판의 1/3 정도에 빗금이 쳐 있고, 카드 B에는 단 한 줄의 금이 그려져 있습니다. 그리고 앞에서와 마찬가지로 다트를 던져서 카드 A에서는 빗금 친 부분에 맞으면 16달러를, 카드 B에서는 한 줄의 금을 제외한 다른 부분에 맞으면 4달러를 상금으로 준다고 합니다. 운이 없게도 그 한 줄의 금에 맞으면 상금이 없는 것이지요.

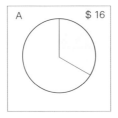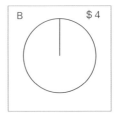

자, 그러면 사람들은 이 두 카드 중에 과연 어떤 카드를 더 선호할까요? 어떤 것을 선택하는 것이 보다 합리적인 선택이라고 할 수 있을까요?

우선 게임으로부터 얻어질 수 있는 기대 수입이 어느 쪽이 더 큰지를 따져보고 이를 기초로 해서 결정을 하는 것이 합리적일 것입니다. 그럼 두 카드의 기대 수입을 구해 봅시다. 먼저 카드 A의 기대 수입은 다음과 같이 구할 수 있습니다.

$$\text{기대 수입(A)}=(1/3 \times \$16)+\{(1-1/3) \times \$0\}=\$5.33$$

그렇다면 카드 B의 경우는 어떤가요? 원 안에 쳐진 단 한 줄의 금에 맞을 확률은 크게 잡아도 1%가 넘지 않을 것입니다. 그러면 기대 수입은 다음과 같겠지요.

$$\text{기대 수입(B)}=(99/100 \times \$4)+(1/100 \times \$0)=\$3.96$$

이 계산에 따르면 기대 수입은 카드 A가 카드 B보다 더 큽니다. 그러므로 합리적으로 판단하는 선택자라면 당연히 게임으로부터 얻어지는 기대 수입이 더 큰 카드 A를 선호해야만 하겠지요.

그러면 실제로 이 실험에 참여한 학생들은 어떤 선택을 했을까요? 그 결과는 합리적 선택에 따른 예측과는 달랐답니다. 카드 A에 비해 오히려 카드 B를 선호한 학생들의 비율이 75% 가량 되었기 때문이지요.

그럼 이것을 어떻게 해석해야 할까요? 기대 수입이 더 높았음에도 불구하고 학생들이 카드 A를 선택하지 않은 이유는 무엇일까요? 그것은 바로 카드 B의 경우에 상금을 받을 확률이 거의 99%를 상회한다는 사실 때문입니다. 이는 게임을 통해 4달러를 받게 될 것이 거의 확실하다는 이야기나 다름없지요. 4달러를 받는데는 불확실성이 거의 없다는 점이 바로 기대 수입이 더 낮음에도 불구하고 카드 B를 선택하게 만든 이유인 것입니다.

사람들이 선택을 할 때는 일반적으로 불확실성으로부터 초래되는 위험을 회피하고 싶은 심리가 크게 작용합니다. 이러한 심리를 보통 위험 회피적 성향이라고 부른다는 것은 이미 앞에서 배웠지요. 이렇게 100% 위험이 없다는 사실 자체에 많은 사람들은 기꺼이 어느 정도의 대가를 지불할 용의를 가지게 되는 것입니다.

선호의 이행성에 관한 실험

앞에서 보여준 실험의 결과는 불확실성이 클 경우 사람들이 일관성 있는 선택을 하기 어렵다는 사실을 보여주고 있어요. 경제학에서는 이런 경우에 선호의 이행성(transitivity of preferences) 원리가 깨졌다고 말합니다.

경제학자들은 소비자의 합리적이고 일관성 있는 선택이 가능하도록 소비자의 선호 체계에 중요한 전제를 달아놓았어요. 그것이 바로 '선호 체계는 이행적(transitive)'이라는 공리입니다. 선호 체계가 이행

적이라는 것은 과연 무엇을 의미할까요? 다음과 같은 선
호의 관계를 살펴봅시다.

선택할 수 있는 대안이 X, Y, Z 모두 세 가지가 주어져
있습니다. 이때 '선택자가 X를 Y보다 선호하고 Y를 Z보
다 선호한다면, 이 선택자는 X를 Z보다 선호할 것이다.' 라는 관계가
성립한다고 합시다. 이 경우에 선택자의 선호 체계는 이행적이라고
말할 수 있어요. 구체적인 숫자로 표현된 크기나 질량의 관계를 예로
들어 생각해 보면 위의 관계는 당연히 성립한다는 것을 알 수 있지요.

만약에 선택자가 Z를 X보다 더 선호한다면 이 선택은 비이행적
(intransitive)이 됩니다. 그러면 세 가지 대안 중에 어느 것을 가장 선호
하는지 예측할 수 없게 되지요. 이렇게 비이행적인 선택의 가장 대표
적인 경우로는 가위, 바위, 보 게임을 들 수 있어요.

이 게임에서는 어느 것이 가장 우월한지 결정할 수 없
습니다. 왜냐하면 가위, 바위, 보 각각의 선호 체계가 서
로 물리고 물리는 순환성을 가지고 있기 때문이에요. 따
라서 선호의 이행성을 위해서는 비순환적인 관계가 먼저
선행되어야 합니다.

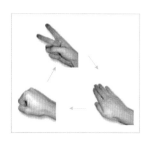

가위 바위 보 게임

현실 세계에서 소비자들의 선택이 일관성을 가지지 못
하는 경우는 많이 볼 수 있어요. 특히 어린아이들의 행동
에서 더 쉽게 찾아볼 수 있는데, 이들의 선택이 보다 비논리적이고 즉
흥적이기 때문이겠지요.

실제로 아이들을 상대로 실험을 해 보면 잘 알 수 있어요. 예를 들

어 곰과 사자, 그리고 사슴 인형을 놓고 하나를 선택해 나가는 방법으로 우선순위를 매겨보면 그 순서가 반드시 일관적으로 나타나지는 않을 것입니다.

그럼 여기서 선호의 이행성과 관련된 문제를 정확하게 보여주는 또 다른 예를 소개하겠습니다. 어떤 사람이 설탕을 넣은 커피보다 블랙커피를 더 선호한다고 합시다. 다시 말해 설탕을 넣지 않을수록 더 선호한다는 뜻입니다. 그러면 굉장히 많은 커피 잔을 놓고 실험해 보기로 하지요.

첫 번째 커피잔(X_1)은 완전히 블랙커피입니다. 그 다음 잔(X_2)은 설탕 한 스푼 중에서 대단히 작은 설탕 알갱이 하나만을 넣은 커피입니다. 이 두 잔을 가져다가 '어느 커피를 선호 하는가'라고 물어보면 그 사람의 대답은 '맛이 같네요.' 혹은 '비슷하네요.'일 것입니다. 왜냐하면 그렇게 미세한 차이로는 맛을 구별할 수 없을 테니까요.

다시 그 다음 세 번째 잔(X_3)에 설탕 두 알갱이를 넣고 나서 두 번째 잔과 세 번째 잔을 가지고 비교를 합니다. 그러면 그 사람은 역시 그 두 잔에서 맛의 차이를 구별하기가 어렵거나 비슷하다고 할 것입니다.

이런 방식의 실험을 계속해 나간다면 나중의 마지막 잔은 설탕 알갱이를 한 스푼 째 모두 넣은 잔(Xn)이 되고, 그 앞 잔($Xn-1$)은 설탕 한 스푼에서 한 알갱이가 부족한 정도의 커피가 되겠지요. 이때 이 두 잔을 비교해도 그 맛의 차이는 구별되지 않을 것입니다.

그렇다면 다시 원점으로 돌아가서 이번에는 첫 번째 잔과 마지막 잔을 바로 비교해 보도록 하면 어떻게 될까요? 만약에 사람들의 선택이 이행성의 공리를 만족한다면 반드시 첫 잔과 마지막 잔의 맛에 큰 차이가 없거나 구별하기 힘들다고 해야 할 것입니다.

그러나 실제로 이를 비교하면 당연히 첫째 잔을 마지막 잔보다 더 선호하는 것을 보게 됩니다. 블랙커피를 원하는 사람에게 설탕을 하나도 넣지 않은 커피와 한 스푼을 가득 넣은 커피는 분명히 다르게 느껴질 것이기 때문이지요. 결국 이 실험을 통해서 위의 선호 체계는 모순을 야기하게 된다는 사실을 알 수 있어요. 결국 이 실험에서도 선호의 이행성 원칙이 깨지는 것을 알 수 있답니다.

현명한 아내의 합리적 기대

우리의 경제 행위에는 미래에 대한 기대가 매우 중요한 역할을 합니다. 그럼 여기서 불확실한 미래에 대한 합리적인 기대를 통해서 막대한 이익을 거둔 다른 좋은 사례를 하나 소개해 볼게요.

합리적 기대 이론의 정교한 모델을 발전시킨 사람은 현재 시카고 대학의 경제학 교수인 로버트 루카스(Robert Emerson Lucas Jr.)입니다. 그는 이 공헌을 인정받아 90년대 중반에 노벨 경제학상을 수상하였지요.

루카스 교수는 노벨상을 받기 전, 부인과 이혼을 했는데 그때 그의 부인은 이혼 조건 중의 하나로 흥미로운 제안을 했다고 합니다. 만약 나중에라도 루카스가 노벨상을 받게 되면 그 상금의 절반을 위자료로 지불한다는 조건을 집어넣은 것이지요.

그녀는 남편이 뛰어난 업적을 이룬 것들을 보고, 머지않아 노벨상을 탈 것이라는 '합리적인 기대'를 하고 있었던 것입니다. 합리적 기대에 관해서는 부인이 루카스 교수 본인보다 한 수 위라고 할까요, 아니면 "뛰는 놈 위의 나는 놈"이라는 속담이 적용된다고 해야 할까요? 부인은 그 덕분에 수십만 불의 위자료를 보너스로 챙긴 셈입니다.

정보가 없어서 불확실한 상황에서는

먹는 거야?
못 먹는 거야?

사람들이 기대 심리에 따라서 움직이게 되지요.

특히, 이러한 상황에서는
어떤 선택을 하든 항상 위험이 따릅니다.

이때 선택에 영향을 주는 것은
서로 다른 기대 수입과

기대 수입

하지만 불확실성이 클수록
선호에 대한
일관성이
낮아진답니다.

내가 과연
살 수
있을까?

위험을 선호하는 사람과 위험을 기피하는 사람의
반응은 일관성 있는   선호의 차이입니다.

신
난다!

중고차 시장과 레몬 시장

경제 주체 중 어느 한 쪽이 더 많은 정보를 갖고 있어서 당사자들 사이에 정보가 불평등하게 존재하는 상태를 정보의 비대칭성이라고 합니다. 이로 인해 발생하는 문제에 대해서 레몬 시장 모형을 통해 알아봅시다.

수능과 유명 대학교의 논술 연계

성균관대 2010학년도 수시 논술 [인문계열 문항1]

모형과 경제 이론

여러분은 이제 불확실한 상황에서의 선택이 위험을 수반하기 때문에 비합리적으로 이루어질 수 있다는 사실을 잘 알고 있을 것입니다. 이러한 경우 시장에서는 '정보의 비대칭성'으로 인한 다양한 문제에 직면하게 되지요. 이를 구체적으로 보여주는 것이 레몬 시장 모형입니다. 그럼 이제 나의 대표적인 이론에 대해서 본격적으로 살펴보도록 합시다.

레몬 시장 이론은 실제의 시장을 다룬 것이 아니라 중고차 시장이라는 틀을 이용해서 현실을 설명한 것입니다. 이러한 이론의 틀을 모형(model)이라고 부르지요. 자, 그럼 먼저 모형을 통해서 경제 이론을 유도할 수밖에 없는 이유를 이야기해 볼게요.

사회 과학자들은 사회 현상을 연구 대상으로 삼고, 관찰을 통해 어

◆ 애커로프가 들려주는 레몬 시장 이야기

사회 과학자
사회의 현상을 지배하는 객관적인 법칙을 밝히기 위해 연구하는 사람을 말합니다. 사회 과학은 사회학, 정치학, 경제학, 역사학 등으로 나눌 수 있지요.

떤 법칙이나 일관된 논리 체계를 발견하는 것을 목표로 삼고 있어요. 그럼 경제학의 경우를 예로 들어 보죠.

만약 어떤 경제학자가 시장의 원리를 연구하려고 한다면 시장에서 과연 어떤 작동 원리에 의해서 상품이 교환되고 가격이 결정되는지를 분석해야 될 것입니다. 그런데 이런 목적을 가진 경제학자가 직접 시장에 나가서 소비자와 생산자의 움직임을 관찰한다면 과연 그가 목적을 달성할 수 있을까요? 불행히도 그가 시장의 작동원리나 경제 주체들의 행동에서 일관적인 법칙을 알아내기란 대단히 어려울 것입니다. 이 말은 관찰자가 막연히 현상을 관찰하는 것만으로는 그 속성과 본질에 대해서 이해하기 어렵다는 것을 의미해요.

이론은 영어로 'theory'인데, 이 말의 어원은 그리스어인 'theoria'에서 유래했지요. 'theo'라는 단어는 본다는 뜻입니다. 이 때 본다는 뜻은 막연히 눈으로 보는 것을 의미하는 'see'와는 달리 그 사물의 본질을 본다는 뜻입니다. 본질이란 겉으로 보이는 현상을 관찰하는 것만으로는 파악될 수 없는 것이기 때문이지요.

아서 코난 도일(Arthur Conan Doyle)이 창조해 낸 명탐정 셜록 홈즈(Sherlock Holmes)나 아가사 크리스티(Agatha Mary Clarissa Christie)의 소설에 등장하는 에르퀼 푸아로(Hercule Poirot)는 사건을 해결할 때 모두 공통적인 특징을 보입니다. 직접 범행 현장에 나가서 좌충우돌식으로 조사하기보다는, 범행의 상황을 머릿속에 그리고 나서 가상적인 시나리오를 토대로 사건을 논리적으로 해결하고자 하는 것이지요. 이들은 머릿속으로 사건의 추상화된 모형을 만들어 둔 것입니다.

특히 푸아로는 그의 동료인 헤이스팅스에게 다음과 같이 말합니다. "자네와 함께 사건을 다루고 있으면, 자네는 언제나 나를 구체적인 행동으로 몰아넣으려 한단 말일세. …(중략)…하지만 자네는 결코 깨닫지 못해. 눈을 지그시 감고서 안락의자에 깊숙이 등을 기대고 앉아 있는 편이 문제 해결에 보다 가까이 다가설 수 있다는 사실을. 그때는 마음의 눈으로 사물을 꿰뚫어 보게 되는 거라네." 푸아로의 이 대사는 현실에 대한 모형화 작업의 의미를 정확하게 보여주고 있는 말이라고 할 수 있겠지요.

자, 그럼 다른 예를 들어서, 자동차의 구조를 알아본다고 합시다. 우리가 평소 자동차의 겉모습만을 보아서 알 수 있는 사실은 고작해야 색깔이 빨간색이라든가, 문이 네 짝이라든가, 좌석이 가죽 시트라든가 하는 것들이겠지요. 대체로 우리는 눈에 보이는 이런 정보에 기초해서 차를 이해하려고 합니다. 그러나 이런 시도는 자동차의 본질 즉, 운송 수단으로서의 기능을 이해하는 데에는 아무런 도움이 되지 못합니다.

그렇다면 어떻게 해야 자동차의 기본적인 기능들을 이해할 수 있을까요? 이를 위해서는 먼저 자동차의 엔진이 있는 앞부분의 덮개, 즉 보닛을 열어보아야 해요. 엔진의 구조와 동력 전달 장치에 대한 이해가 있어야 자동차의 본질을 이해할 수 있으니까요. 때문에 우리가 자동차를 겉에서 관찰하고 알아낸 정보들은 거의 중요하지 않으며, 오히려 본질적인 문제를 깨닫는데 방해가 될 수도 있어요.

자동차를 제대로 이해하려면 이렇게 중요하지 않은 것들은 모두 제거한 후에 기본적인 동력 전달 장치만을 놓고 분석을 해 보아야 합니다. 이러한 작업을 모형 만들기(modelling)라고 하는데, 모형은 이론을 만들어 가는데 가장 기초적인 작업 수단이 됩니다. 과학자들이 바로 이런 모형을 통해서 이론화를 시도하지요.

모형화 작업은 마치 의사들이 환자의 질병을 알아내기 위해서 엑스레이(X-ray) 촬영을 통해 검사해 보는 것과 같다고 할 수 있어요. 어떤 사람의 신체 내부에 문제가 생겼을 때, 그 사람의 겉모습만 들여다보면 아무런 도움이 되지 않지요. 엑스레이를 통해서 보았을 때 척추뼈와 그 마디의 움직임까지 볼 수 있고, 어떤 뼈에 이상이 생겼는지 등을 상세히 알아낼 수 있어요.

엑스레이 촬영을 할 때는 옷이나 액세서리 등을 모두 제거해야 합니다. 그 사람이 무슨 옷을 입었는지, 머리가 장발인지, 좋은 시계를 차고 있는지 등과 같은 정보란 아무런 쓸모가 없는 셈이에요. 따라서 이러한 정보는 오히려 지우는 편이 더 나은 것이지요.

이렇게 모형화 작업에서 가장 중요한 것은 쓸데없는 요소를 제거하는 일인데 이것을 단순화(simplifying)작업이라고 합니다. 바로 필수 불가결한 부분을 남겨두고 나머지는 다 제외시키는 것과 같지요.

그 다음으로는 남겨진 부분의 **인과 관계**가 명확히 드러나도록 추상화(abstract)하는 작업이 필요합니다. 이것은 마치 엑스레이 촬영에 의해서 보이는 우리 몸의 사진이 실제 모습과는 판이하게 다른, 추상화된 모습으로 보이는 것과 같

인과 관계
어떤 사실과 다른 사실 사이의 원인과 결과의 관계입니다.

◆ 애커로프가 들려주는 레몬 시장 이야기

은 이치에요. 때문에 이러한 작업에 의한 시장 모형은 실제의 시장과는 사뭇 다르며 그런 시장은 현실에 존재하지 않습니다.

그렇다면 경제학자들은 왜 굳이 이런 모형을 만드는 것일까요? 그것은 모형을 통해서 분석한 시장의 모습을 통해 그 본질을 더 잘 설명하고 이해할 수 있기 때문입니다.

이론의 역할

이론의 존재 이유는 무엇보다도 현상을 설명하는데 있습니다. 현상을 설명하지 못하는 이론이란 아무런 의미가 없기 때문이지요. 이때 설명을 한다는 것은 그 현상의 인과 관계를 밝히는 일이며, 인과 관계를 밝힌다는 것은 바로 어떤 현상의 원인과 결과에 대한 일관된 논리를 보여주는 거예요.

이러한 이론은 어떤 현상이 앞으로 어떻게 나타날 것인지에 관해 예측할 수 있도록 합니다. 이는 곧 원인과 결과와의 관계가 미래에도 일관적으로 나타날 것이라는 추론에서 비롯되지요. 이를 설명하기 위해 우리에게 익숙한 자연 현상인 번갯불을 예로 들어볼게요. 번개가 치는 현상을 어떻게 설명할 수 있을까요? 눈에 보이는 번쩍이는 현상의 원인은 무엇일까요?

먼저 옛날 원시 시대의 사람들이 처음 번갯불을 보았다면 어떻게 생각했을지 상상해 봅시다. 번갯불에 놀란 부족민들은 부족에서 가장 학식이 높고 현명한 제사장에게 가서 물어볼 거예요. 그러면 제사장이 그 원인에 대해서 일러줄 것입니다. 어쩌면 '너희들이 산신에게 드리는 제사가 부족해서 신이 노여워했기 때문이다.'라고 할지도 모르지요.

그럼 원주민들은 이 설명으로 번갯불의 원인과 결과가 명쾌하게 설명되었다고 생각할 거예요. 이로써 제사장이 만든 '번갯불 이론'이 완성되는 것입니다. 이 이론에 의하면 앞으로도 제사 드리는 데 정성이 부족하면 번갯불이 또 칠 것이라는 예측도 가능하겠지요.

한편, 근대 과학에서는 번갯불의 원인을 전기적 현상으로 설명하고 있습니다. 바로 벤자민 프랭클린(Benjamin Franklin)이 발견한 이론이지요. 물론 시대가 다르고 이론의 증명 여부에도 차이가 있지만 번갯불의 원인을 설명하기 위한 이론은 이렇게 다양할 수 있습니다. 한 가지 문제를 설명하는 데 어떤 유일한 이론만이 존재할 이유는 없기 때문입니다.

실제로 경제학에서도 인플레이션을 설명하는 이론은 한 가지가 아니라 여러 가지가 있습니다. 인플레이션을 실물적 이론에 입각하여 설명하는 원가 상승(cost-push) 이론과, 반대로 이를 화폐적 현상으로만 보려는 통화주의자(monetarists)의 이론도 있지요. 이러한 경우에 이론의 채택은 얼마나 현상을 더 잘 설명하고 있는지, 그리고 또 얼마나 현실과 부합하느냐에 따라 결정될 수 있답니다.

그런데 이를 위해서는 이론이 실제와 얼마나 부합하는지 알아보는 시험을 통과해야만 합니다. 이러한 시험을 거치기 전까지의 이론

기각
관찰이나 실험에 의해서 규정된
가설을 부정하는 것입니다.

을 가설이라고 하지요. 만약 이를 통과하지 못하면 이 가설은 **기각**되며 '나쁜' 이론이 됩니다.

중고차 성능과 가격

그러면 이제 우리의 수업 중에서 가장 중요한 레몬 시장 이야기 속으로 들어가 봅시다. 레몬 시장 이론은 「레몬 시장 : 제품의 품질이 불확실한 경우The Market for Lemons : the Quality of product is uncertain」라는 제목의 논문을 통해서 소개되었습니다. 이 획기적인 이론은 나오자마자 경제학자들이 가장 많이 인용하는 이론이 되었으며, 그 후로도 미시적 불확실성에 관련한 모든 이론의 초석이 되었을 정도였지요.

논문의 제목을 통해서도 추측할 수 있듯이 레몬은 '불량품'이란 뜻으로 사용된 말입니다. 평소에 맛있는 오렌지인 줄 알고 신 레몬을 잘못 골라서 먹은 후 낭패를 겪는 경우가 있지요. 이와 마찬가지로 시장에서도 좋은 물건인 줄 알고 샀다가 손해를 보는 경우를 주위에서 많이 보았을 것입니다.

이처럼 제품은 겉으로 보아서는 그 품질을 알 수 없는 경우가 많기 때문에 소비자들은 시장에서의 거래를 통해서 이득을 보기는커녕 손해를 보는 소위 '시장의 실패'를 경험하게 되는 것입니다. 나의 레몬 시장 이론은 이같은 시장의 상황을 명쾌하게 설명하고 있지요.

이 이론에서 주목할 점은 시장에서 거래되는 제품의 품질이 불확실한 특성을 가진다는 것입니다. 소비자들은 제품의 품질에 대해서 사전적으로 잘 알지 못하기 때문에 당연히 완전한 정보를 가지지 못하지요. 때문에 소비자는 정보가 부족한 상태에서 제품의 구입을 결정해야 하는 것입니다.

나는 이러한 특성을 갖는 대표적인 시장으로 중고차 시장을 꼽았습니다. 이를 설명하기 앞서 중고차의 특징을 먼저 생각해 봅시다. 중고차는 새 차와 달리 그 품질이 천차만별입니다. 차의 전 주인이 어떻게 차를 관리했는지, 혹은 그의 운전 습관이 어떠했는지에 따라서도 품질이 달라지지요. 게다가 평소에 엉망으로 관리되었거나 사고까지 났었던 차들도 중고차 시장에 나올 때는 이미 수리를 하고 깨끗하게 칠도 하기 때문에 이를 구별해 내기가 쉽지 않습니다.

때문에 이러한 상황을 모르는 소비자들이 아무리 문제가 없는 좋은 품질의 중고차를 고르려는 노력을 한다고 해도, 결국 합리적인 선택을 하기는 어려울 것입니다. 알고 보면 품질이 형편없음에도 불구하고 "빛 좋은 개살구"처럼 겉만 번드르르한 중고차의 외형에 속아 넘어가기 십상인 것이지요. 그러므로 자동차에 대한 상당한 식견과 경험을 가지지 않고는 중고차 시장에서 레몬을 고를 확률이 상당히 높아지게 됩니다.

이처럼 중고차 시장의 구조를 들여다보면 판매자와 구매자 사이에 커다란 격차가 존재한다는 사실을 발견하게 됩니다. 이 격차는 중고차에 관한 정보의 양과 관련되어 있어요. 앞에서 말한 대로 소비자에게는 중고차에 대한 정보가 필요한 만큼 주어지지 않습니다. 반면

◆ 애커로프가 들려주는 레몬 시장 이야기

에 판매자는 중고차를 팔기에 앞서 차에 대한 정보를 모두 가지고 있지요. 어떤 차가 좋은 품질의 차인지, 어떤 차가 사고가 났던 차인지 미리 알고 있는 것입니다.

따라서 판매자와 구매자 사이에 존재하는 정보의 차이는 엄청나게 큽니다. 조금 어려운 용어로 말하면, 중고차 시장에 정보가 대단히 불공평하게 **편재**되어 있다고 할 수 있지요. 이러한 중고차 시장의 특성을 가리켜 경제학자들은 정보의 비대칭성이 지배하는 시장이라고 합니다.

> **편재**
> 어떤 것이 한 곳에 치우쳐져 있다는 뜻입니다.

그러나 문제는 중고차 판매자가 어떤 차가 레몬인지에 관한 정보를 전혀 알려주지 않는다는 점입니다. 생각해 보세요. 어느 중고차 시장의 판매자가 그렇게 하겠습니까? 자선 사업가가 아니라면 말이지요.

따라서 정보는 소비자들에게 쉽게 드러나지 않게 됩니다. 즉, 정보 차이의 장벽이 높은 것이지요. 그렇기 때문에 소비자들은 중고차의 질에 대해서 아주 제한된 정보만 가지고 선택을 하고, 그에 따른 위험도 감수해야만 하는 것입니다.

이쯤되면 새로운 대안을 제시하고 싶은 친구들도 있을 것입니다. 중고차의 품질에 맞는 가격이 설정될 테니, 가격을 신호 삼아서 잘 보고 구입하면 되지 않겠느냐는 생각이지요. 하지만 이같은 방안은 결코 중고차 시장에서 좋은 해법이 되지 못합니다. 그 이유는 무엇일까요?

예를 들어 대단히 품질이 우수한 중고차가 시장의 판매자에게 들어왔다고 합시다. 그 차종과 연식(年式)의 평균 시장 가격은 400만 원이고, 실제 성능으로 본다면 600만 원 정도의 값어치가 있는 중고차였지요. 이를 고려한 판매자가 이 차에 600만 원짜리 가격표를 붙여 놓고 판다면, 이 차가 과연 잘 팔릴까요?

소비자는 이 차가 200만 원의 프리미엄을 주고 살 만큼 품질이 좋은지를 확신할 수 없습니다. 상대적으로 정보가 부족하기 때문이지요. 따라서 더 많은 돈을 지불하면서까지 위험을 감수하려고 하지 않을 것입니다. 결국 이 차는 중고차 시장에서 팔리기 어렵겠지요.

프리미엄
일정한 가격에 여분의 금액을 더하여 주는 것을 말합니다.

그러면 반대로 형편없는 불량 중고차가 판매자에게 들어왔다고 합시다. 판매자의 감정에 의하면 이 중고차는 200만 원 정도의 가치밖에 없는 차입니다. 하지만 판매자가 정직하게 200만 원짜리 가격표를 이 차에 붙여놓는다면 어떨까요?

이 경우 역시 잘 팔리지 않을 것입니다. 왜냐하면 소비자의 입장에서는 비슷한 종류의 다른 중고차보다 터무니없이 낮은 가격이 마음에 걸리기 때문입니다. 결국 이 차는 분명히 무슨 문제가 있기 때문에 가격이 낮은 것이라고 의심하게 될 것입니다.

또는 "싼 게 비지떡"이라는 속담을 떠올리며 더 높은 가격의 비슷한 불량 중고차를 선택할지도 모르지요. 결국 판매자는 나쁜 차라고 해서 가격을 낮추는 것 역시 좋은 방법이 아니라는 사실을 깨닫게 됩니다. 앞의 경우와 마찬가지로 품질에 대한 정보가 부족하기 때문에 소비자들이 확신을 가질 수 없기 때문입니다. 따라서 중고차의 품질이 좋든지 나쁘든지 간에 판매자로서는 모두 비슷한 가격으로 내놓을 수밖에 없습니다.

하지만 그렇다고 해서 600만 원짜리 품질의 차를 400만 원에 내놓는 것은 판매자에게는 너무 아까운 일입니다. 때문에 판매자는 이런 차를 중고차 시장에 내놓지 않고, 자신이 직접 쓰든지 아니면 잘 아는 친지에게 넘길 수도 있습니다. 이러한 이유들로 품질이 좋은 중고차들은 점차 중고차 시장에서 재빨리 사라지게 됩니다. 그리고 급기야는 시장에 레몬들만 남게 되는 불상사가 생기는 것이지요.

이런 시장에서 구매를 하는 소비자들은 결코 거래를 통해 이익을 얻기 어려운데, 모두 시장이 효율적으로 작동하지 않기 때문입니다. 이러한 현상을 시장의 실패(market failure)라고 하지요. 이 경우의 시장 실패는 바로 정보의 편재, 즉 정보의 비대칭성 때문에 발생하는 것입니다.

교과서에는

시장에서의 자원 배분이 언제나 효율적인 것은 아니기 때문에, 희소한 자원이 불필요하게 낭비되거나 비효율적으로 배분되는 시장 실패가 일어나기도 합니다.

마르크스의 경제 이론은 나쁜 이론인가요?

사회 과학에서는 어떤 한 이론이 나타나게 된 시대적 배경이 대단히 중요합니다. 그리고 시대가 변하면 불가피하게 이론의 타당성도 영향을 받게 됩니다. 즉, 좋은 경제 이론으로 받아들여졌던 것도 시대가 바뀌면서 현실과의 부합성이 떨어지면 용도 폐기될 수 있다는 것이지요. 이와 관련해서 『자본론Das Kapital』으로 유명한 칼 마르크스(Karl Heinrich Marx)의 경제 이론에 대해 살펴봅시다.

마르크스는 산업 혁명 이후, 산업 자본주의가 발흥하고 있었던 영국의 수도 런던에 거주하였습니다. 그는 이곳에서 초기 자본주의가 성장하는 과정을 지켜보았고, 자본주의 체제 내에서 새로운 계급, 즉 자본가 계급과 노동자 계급이 형성되고 대립되는 관계에 주목하게 되었지요. 초기 자본주의 경제를 명쾌하게 설명하는 대작인 『자본론』도 이때 집필한 것입니다.

마르크스는 이 책에서 시간이 갈수록 자본주의가 고도화되며, 계급 간의 갈등은 격화되고 자본 축적은 심화될 것이라고 하였습니다. 또한 이러한 과정에서 투자에 따른 수익률이 체감하게 되는데, 이러한 내적인 모순에 의해서 결국 자본주의는 몰락할 것이라는 예측을 하였지요.

이후 1929년, 서구 자본주의 국가에서 경제 대공황이 발생하자 마르크스의 예측은 위력을 발휘하는 듯 했습니다. 그러나 곧 존 메이너드 케인즈(John Maynard Keynes)의 새로운 이론이 등장했어요. 케인즈는 대공황이 유효 수요의 부족에 따른 것이므로 정부의 개입을 통해 그 모순을 극복할 수 있다고 제안했지요. 이로써 자본주의의 몰락을 예고했던 마르크스의 이론은 빗나가게 되었답니다.

하지만 그렇다고 해서 마르크스의 이론이 그 가치를 완전히 상실했다고 말할 수는 없습니다. 그의 비관적 예측이 오히려 자본주의를 생존하게 만드는 초석이 되었음은 분명하기 때문입니다.

그럼 자본주의를 대공황의 위기에서 구한 케인즈의 경제학은 그 유효성이 영원히 지속되었을까요? 물론 아닙니다. 그 당시와 같은 불황기에는 유효한 이론이었지만, 1970년대와 1980년대에 전 세계적으로 인플레이션이 만연하게 되자 많은 경제학자들로부터 큰 도전을 받기도 했답니다.

그런데 재미있는 것은 2008년, 미국의 부동산 가격의 폭락과 함께 전 세계가 경제 침체기에 들어서자 경제학자들이 다시금 케인즈의 경기 부양 정책에 눈을 돌리게 되었다는 것입니다. 세상 일은 정말 알 수 없지요? 이처럼 경제 이론은 경제의 순환 및 발전 과정에 따라 그 이론의 적합성과 수명이 한계를 가질 수밖에 없답니다.

시장의 역선택과 도덕적 해이

정보의 비대칭성이 가져오는 문제로는 상대방에 대한 특성이 감추어져 있어서 선택에 어려움을 주는 경우와 상대방의 행동이 감추어져 있어서 통제가 불가능한 상황이 발생하는 경우로 나눌 수 있습니다. 이를 해결하기 위한 방법은 무엇일까요?

수능과 유명 대학교의 논술 연계

2007학년도 수능 경제 11번

고려대 2010년도 수시 논술 [인문계]

보험 시장의 역선택

　지난 수업에서 우리는 경제 주체들이 시장에서 합리적인 선택을 하기 힘든 이유에 대해서 알아보았습니다. 이처럼 정보의 불균형으로 인해 불리한 의사 결정을 하게 되는 것을 경제학에서는 '역선택(adverse selection)'이라고 합니다. 계약이 이루어지기 전에 거래 상대방의 특성이 감추어져 있어서 불리한 거래를 하게 되는 상황을 말하지요. 역선택은 중고차 시장뿐만 아니라 보험 시장, 그리고 노동 시장 등에서 주로 나타납니다. 그럼 이제 보험 시장에 대한 이야기를 해 봅시다.

　여러분이 보험 회사의 입장에서 고객을 선택한다고 합시다. 그러면 당연히 도덕적으로 부주의한 고객은 가급적 피하고 싶을 것입니다. 보험 회사에서는 최대한 사고를 일으키지 않는 고객들만 받아들여 보험금 지급을 줄이고 회사의 이익이 늘어날 수 있도록 노력해야 하기 때문이지요.

그런데 보험 회사의 기대와는 달리 현실에서는 도덕적으로 해이한 사람들이 보험 회사의 서비스에 가입하려는 경우가 더 많습니다. 사망 보험 상품을 파는 생명 보험 회사의 예를 하나 들어보지요. 사망 보험은 대개 고객이 사망하면 미리 약정한 보험금을 지급하는 상품입니다. 때문에 보험 회사는 평소에 가급적이면 건강한 사람들이 보험에 가입해 주기를 바라겠지요. 그래야만 고객들이 일찍 사망하지 않아서 보험금을 지급할 일이 줄어들게 될 테니까요.

그러나 이 보험에 우선적으로 가입하고자 하는 사람들은 아마도 멀지 않은 장래에 죽음이 예견되는 사람들일 가능성이 높습니다. 때문에 이런 부류의 고객은 보험 회사로서는 정말 원치 않겠지요. 그래서 아무런 제한 없이 이 보험 상품을 시장에 판매하게 되면 보험 회사가 원하는 건강하고 젊은 고객들보다는 그렇지 않은 고객들을 받아들이게 될 확률이 높습니다.

앞에서도 이야기했듯이 이러한 현상을 역선택이라고 부릅니다. 레몬 시장 이론에 따르면 불량품인 레몬들만 보험 시장에 고객으로 등장하는 거라고 볼 수 있지요. 이는 중고차 시장과 마찬가지로 판매자와 구매자 간에 정보의 격차가 존재하기 때문입니다. 보험에 가입하려는 고객들은 자신에게 불리한 정보는 가급적 보험 회사에 알리고 싶어 하지 않기 때문에 보험 회사에서는 고객들의 건강 상태에 관한 정확한 정보를 알기가 어려운 것이지요. 그렇다면 보험 회사가 이를 피하거나 막을 수 있는 방도는 무엇일까요?

역선택의 문제를 해결하기 위해서는 레몬들을 걸러내는 장치가 필요합니다. 보험 회사 측에서 가입자의 건강에 관한 충분한 정보를 가지게 된다면, 정보의 비대칭성 때문에 생기는 문제점들을 사전에 제거할 수 있을 것입니다. 이러한 제도적 장치와 함께 보험 회사에서 원하는 고객들이 관심을 가질 수 있도록 또 다른 유인책을 마련하는 것도 문제를 해소할 수 있는 방법이겠지요.

레몬을 걸러내기 위한 가장 대표적인 방법을 '선별(screening)'이라고 하는데, 정보를 갖지 못한 측에서 그 특성을 알아내려고 행동하는 것을 말합니다. 보험 시장에서 주로 쓰이는 선별 방법은 고객들이 가입 신청을 할 때 건강 진단서를 첨부하도록 요구하는 것입니다. 진단서는 모든 고객들의 건강 상태에 관한 가장 포괄적인 정보를 알려주는 것이기 때문입니다.

또한 나이가 많아지면 사망할 확률이 높아진다는 **상관관계**를 고려하여 가입 조건에 나이 상한선을 설정하는 방법도 있습니다. 이와 관련하여 보다 일반적인 방법으로 나이에 따라 보험료를 누진적으로 부과할 수도 있지요.

> **상관관계**
> 두 가지의 변수 가운데 한쪽이 변화하면 다른 한쪽도 따라서 변화하는 관계를 말합니다.

그밖에도 대부분의 생명 보험 회사들은 가입자들이 고의적으로 질병을 숨기면 보험 지급을 무효화시키는 조항을 두고 있습니다. 또한 '보험금 지급은 보험 가입일로부터 1년 혹은 2년이 경과한 후에 가능하다.'는 문구를 삽입하여 사망이 예상되거나 그럴 확률이 높은 사람들이 보험 상품에 가입하지 못하도록 보험 약관 곳곳에 깨알같이 작은 글씨로 이를 알리고 있지요.

앞 장에서 살펴본 중고차 시장에서도 소비자들의 피해를 방지하기 위한 방안들이 있습니다. 중고차의 품질 보증서를 제공하는 것은 물론 중고차 판매상들이 판매한 차량에 대해 일정 기간 동안 수리를 보증하는 제도를 도입하고 있답니다.

도덕적 해이

지금까지 우리가 살펴본 것은 계약이 이루어지기 전에 상대방의 감추어진 특성 때문에 발생하는 문제, 즉 역선택에 관한 것이었습니다. 그런데 이를 방지하기 위해 선별 장치를 도입해도 거래 이후에 얼마든지 정보의 비대칭성 문제가 다시 발생할 수 있습니다. 거래 당사자 중 어느 일방의 감추어진 행동은 그 통제가 불가능하기 때문입니다. 경제학에서는 이를 '도덕적 해이(moral hazard)'라고 합니다.

교과서에는
각 경제 주체 간의 계약이 이루어진 이후에 서로에 대한 의무를 소홀히 하는 것을 말하는데, 1997년 한국의 외환 위기도 경제 주체들의 도덕적 해이가 한 원인이 되었습니다.

이와 관련하여 미국의 대도시에서 자주 발생하는 자동차 도난 사고를 예로 들어봅시다. 뉴욕에서는 자동차 문을 강제로 열고 오디오나 CD 플레이어를 훔쳐가는 일이 수시로 일어납니다. 그래서 뉴욕에 있다 보면 가끔씩 'SORRY NO RADIO'라는 글귀가 써 붙인 차들을 보게 되지요. 이 글귀는 말하자면, 이 차에는 라디오나 오디오 같은 물건이 없으니 유리창을 깨는 일 같은 헛

수고를 하지 말아달라는 애원에 가까운 호소입니다.

그래서 한때 미국에서는 착탈식 오디오를 장착한 차들을 많이 발견할 수 있었습니다. 이런 차의 운전자들은 내릴 때 오디오를 꺼내서 마치 백처럼 어깨에 메고 나오고 나중에 탈 때 다시 끼우는 방식으로 오디오 도난을 예방하고자 했지요.

특히 뉴욕 같은 대도시는 안전한 지역과 범죄가 흔하게 일어나는 지역이 확연히 구분됩니다. 때문에 안전한 지역에 주차를 해야 사고가 없는데, 이런 행운은 모든 운전자들이 원하는 바이므로 안전한 주차 공간을 발견하기란 하늘의 별따기입니다. 결국 주차 공간을 못 찾은 운전자는 다른 대안을 선택해야 하지요.

이들이 선택할 수 있는 방법으로는 먼저 비싼 유료 주차장에 주차를 하는 방법이 있습니다. 하지만 비용이 부담된다면 유료가 아닌 안전한 곳에 주차 공간을 발견할 때까지 계속 주변을 맴돌며 시간을 소비할 수도 있지요. 이때 운전자는 주차비를 아낄 수는 있어도 시간의 기회비용은 지불해야 합니다. 만약 이러한 비용도 지불하지 않으려면 사람들이 꺼리는 약간 위험한 지역에 주차를 해야 합니다. 이때는 쉽게 주차를 할 수는 있지만 도난의 위험을 어느 정도 감수해야 하지요.

이러한 위험을 방지하기 위해서는 자동차 도난 보험에 드는 것이 상책입니다. 왜냐하면 위험에 따른 손실을 보전해 주는 제도가 바로 자동차 도난 보험이기 때문입니다. 만약에 위험한 지역에 주차를 했더라도 자동차가 없어지면 보험 회사에서

> **기회비용**
> 어떤 것을 선택함으로써 포기하게 되는 것의 가치를 말하는데, 세 가지 이상의 재화 중에서 한 가지를 선택하는 경우에는 포기하는 재화 중에서 만족도가 제일 큰 것의 가치를 기회비용으로 봅니다.

그 자동차에 상당하는 금액을 보전해 주기 때문에 보험 가입자는 손실을 입지 않게 되는 것이지요. 이러한 이유로 보험 가입자들은 평소에 보험료를 정기적으로 지불해야 합니다.

그렇다면 이런 손해 보험에 가입을 한 고객들과 보험 회사 사이에서 발생할 수 있는 정보의 비대칭 문제는 어떤 것이 있을까요? 이를 알기 위해서는 먼저 운전자가 자동차 도난 보험에 가입한 후에 어떤 행동을 보이게 되는지 알아볼 필요가 있어요.

보험에 가입한 운전자는 이제 공연히 안전한 지역의 주차 공간을 찾아 헤매거나 비싼 주차료를 지불하는 등의 행동은 점차 하지 않게 될 것입니다. 어차피 손실을 보상받을 수 있는 방법이 있기 때문이지요. 그래서 조금 위험한 지역이어도 빈 공간이 있으면 주차를 해도 괜찮다는 생각이 들것입니다. 결국 보험에 가입하기 이전보다 자동차에 대한 주의를 소홀히 하게 되는 것이지요.

하지만 보험 회사는 이들의 부주의한 행동을 일일이 감시할 수 없기 때문에 문제가 발생합니다. 앞에서도 언급했듯이 바로 이러한 행위를 일컬어 도덕적 해이 혹은 도덕적 일탈이라고 합니다. 계약이 이루어진 후에 상대의 감추어진 행동으로 인해서 정보를 적게 가진 쪽이 불리한 상황에 처하게 된다는 것을 보여주는 좋은 사례지요.

그런데 이러한 상황이 계속 된다면 어떨까요? 만약 운전자들이 점점 더 도덕적으로 해이해진다면 사회 전체적으로 자동차 도난 건수는 늘어나겠지요. 그러면 보험 회사의 입장에서는 고객에게 지불해야 하는 손해 총액이 더욱 커지게 됩니다. 하지만 보험 회사는 이익을

추구하는 곳이지 자선 단체가 아니기 때문에 어떻게든 그 손실을 회복해야 합니다. 이를 위해 보험료 인상이 새로운 해결책으로 제시되겠지요.

　이러한 이유로 보험료가 전반적으로 인상되면 모든 보험 가입자들이 피해를 입게 됩니다. 이는 보험에 가입한 후에도 운전과 주차에 주의를 기울인 선의의 고객에게 억울하게 그 피해가 돌아가게 된다는 것을 뜻합니다. 운전자들이 보험 가입 이전처럼 조금만 주의를 기울이면 지불할 필요가 없는 비용을 모든 운전자들이 떠안게 되는 것이지요. 결과적으로 운전자들의 도덕적 해이 때문에 사회 전체적으로 지불해야 될 비용이 그만큼 증가하게 되고, 그것이 부메랑이 되어 모든 운선자들에게 피해를 입히게 되는 셈입니다.

그렇다면 반대로 기업이 도덕적 해이에 빠지는 경우를 생각해 봅시다. 만약 기업이 투자를 결정할 때 투자로부터 생길 수 있는 손실의 위험성에 대해서 별로 신경을 쓰지 않는다면 어떻게 될까요? 이렇게 도덕적으로 해이한 기업의 경영자는 투자에 필요한 재원을 은행에서 대출을 받아서 해결할 수 있습니다. 그리고 투자에서 손실이 발생하면 은행에서 더 많은 대출을 받아서 그 손실을 메우려 할 것입니다.

게다가 은행에서도 대출을 결정할 때 그 투자의 타당성이나 위험성에 대해서 면밀히 검토를 하지 않고, 다른 정책적 요인이나 정치권의 로비에 의해서 대출을 결정하는 경우가 많지요. 이런 관계 속에서 기업과 은행은 더욱 밀착되어가고 경영 부실의 늪은 더욱 깊어지게 됩니다.

만약 기업의 방만한 경영으로 부실을 맞고 그 규모가 커져서 도산하게 되면, 그 피해가 경제 전체에 심한 악영향을 끼치게 될 것입니다. 왜냐하면 이런 경우 오히려 금융 기관이 앞장서서 부실기업을 구해 주는 꼴이 되기 때문입니다.

가장 최근의 예는 2007년 미국의 주택 시장 붕괴로 인

금융 기관
예금에서 자금을 조달하여 기업이나 개인에 빌려주거나 증권 투자 등을 하는 기관을 말합니다.

한 금융 위기 때, 거대한 주요 **투자 은행**들이 도산의 위기에 빠진 것을 들 수 있습니다. 그 중 부실의 규모가 가장 큰 기업이 AIG 생명 보험 회사였어요. 그러나 이 거대한 회사를 부도 처리하기에는 미국 경제에 너무도 큰 부담이 되는 상황이었지요. 결국 이 회사는 막대한 규모의 **구제 금융**을 받아서 소생하게 되었답니다.

이런 도덕적 해이는 공공 부문에서도 흔히 볼 수 있습니다. 최근에는 각 지방 자치 단체들의 부채가 급증하고 있는데, 이는 모두 방만하게 예산을 운용하고 국민들이 낸 세금을 아끼지 않고 마구 써버린 까닭입니다. 연말이 되면 각 지역마다 길거리에 보도블록 공사를 하는 것을 심심치 않게 볼 수 있지요? 또 구청이나 시청의 건물들이 화려하게 지어진 것을 보면 예산의 낭비를 짐작할 수 있습니다. 이것이 바로 공무원들의 도덕적 해이 현상입니다.

이밖에도 소비자들 역시 도덕적 해이에서 벗어나지 못하는 경우가 있어요. 가장 대표적인 예가 바로 카드 빚이지요. 카드를 마구 발급받아서 분에 넘치는 소비를 하는 것도 도덕적 해이에 해당합니다. 나중을 생각하지 않고 은행에서 마구 돈을 빌려 소비해 버린 결과로 엄청난 카드 부채를 떠안게 되고, 그 카드 빚은 소비자 자신의 경제생활을 비정상적으로 만들어 버릴 뿐만 아니라 국가 경제 전반에서 소비의 진작을 어렵게 하는 요인이 되고 있기 때문입니다.

그렇다면 도덕적 해이의 문제를 해결하기 위한 방법은 어떤 것이

투자 은행
주로 증권 투자를 전문으로 하는 은행을 말합니다.

구제 금융
금융 기관이 거래하고 있는 기업의 도산을 막기 위해 정책적으로 금융을 지원하는 것입니다.

교과서에는
정부의 수입원 중에서 가장 큰 비중을 차지하는 것이 국민의 세금이므로, 정부는 국민으로부터 받은 세금을 효율적으로 사용하도록 노력해야 합니다.

있을까요? 대표적으로 보험 시장에서는 손실액 중에 처음의 일부분을 가입자가 함께 부담하고 그 추가 손실분만 보험 회사가 보상하도록 하는 기초 공제 제도를 실시할 수 있습니다. 반대로 손실의 일부분만 먼저 보험 회사가 보상해 주고 나머지를 보험 가입자가 부담하게 하는 공동 보험 제도도 있지요. 결국 도덕적 해이가 발생할 것이라 예상되면 보험 회사에서는 완전한 보험을 제공하지 않습니다. 보험 가입자도 사고 발생을 줄이기 위해 주의를 기울일 것이기 때문이지요.

그레셤의 법칙

과거 지폐 사용이 보편화되기 전에 금화나 주화가 주된 거래 수단으로 사용되던 때가 있었어요. 그런데 금화가 시장에 유통되는 과정에서 순수한 금화는 점차 시장 거래에서 자취를 감추게 되는 현상이 나타났습니다. 왜 이런 현상이 생기게 되었을까요? 그 이유는 사람들의 욕심 때문이었습니다. 사람들은 거래를 통해서 진짜 순금 주화를 손에 넣으면 그것을 지불 대금으로 사용하지 않고 보관하고자 한 것입니다. 그리고 거래에서 받은 금화 중에서 불순물이 섞인 불량 주화를 거래 대금으로 지불하려는 유혹에 빠지게 되었지요.

그렇다면 불량 주화는 어떻게 생겨나게 되었을까요? 이것이야말로 인간의 탐욕의 산물입니다. 도덕적 해이를 넘어서 불법 행위이기도 하지요. 자, 우선 금의 속성을 먼저 살펴보기로 합시다.

금은 본질적으로 다른 금속에 비해 유연성이 크고 녹이기 쉽기 때문에 건축물이나 공예, 또는 조각 등에 주재료로 사용되며 여러 가지 조작도 가능합니다. 유럽의 대성당에 가 보면 엄청나게 크고 둥근 천장의 외관을 금으로 입힌 것을 볼 수 있습니다. 또한 예루살렘의 고도(古都) 안에 있는 사원의 황금 돔이 아침 햇살에 찬란하게 빛나는 것도 볼 수 있지요. 이는 모두 금의 특성을 이용한 예술 작품이라고 할 수 있답니다.

그렇다면 당시에 금화는 어떻게 조작했을까요? 사람들은 순전한 금화의 외관을 육안으로는 거의 표시가 나지 않을 정도로 조금씩 깎아서 금가루를 모았습니다. 그러고는 금화를 녹인 다음 구리와 같은 약간의 다른 금속을 섞어서 99.9%의 순금이 아닌 2% 모자란 금화를 주조하여 조작을 했지요. 결국 이런 불순물이 섞인 레몬 품질의 화폐들이 시장에서 직접 유통되고 거래를 통해 파급된 것입니다. 그러자 순수한 정품 금화는 점차 시장에서 자취를 감추게 되었지요.

만약 많은 사람들이 이러한 방법을 사용한다면 시장에는 결국 불순물이 섞인 악화만 남게 되는데, 이를 가리켜 "악화가 양화를 구축한다."고 하는 것입니다. 이것이 바로 그레셤의 법칙이지요. 품질에 대한 정보가 차단된 중고차 시장에서도 이러한 현상 때문에 레몬과 같은 품질의 중고차가 양질의 중고차를 모두 시장에서 몰아내게 되는 것입니다. 앞 장에서 본 중고차 시장이나 생명 보험 시장도 이 법칙이 적용되는 시장이라고 할 수 있습니다.

구축
어떤 세력을 몰아서 쫓아낸다는 뜻입니다.

미술 시장의 정보의 비대칭성

재화 시장에서는 생산자와 소비자가 서로 대등한 관계를 가지며 자발적인 거래가 이루어지는 것이 보통입니다. 시장 경제에서의 거래나 교환은 당사자가 서로 원해서 이루어지는 것이지 어느 한 편의 일방적인 강요로 이루어질 수 없기 때문이지요. 그래서 거래에 참여한 경제 주체는 시장을 통해서 상호 이득을 볼 수 있습니다.

그러나 예술품 시장에서는 공급자인 예술가와 그 예술품을 향유하는 수요자 간에 대등한 관계를 유지하기가 매우 어렵습니다. 왜냐하면 일반 재화 시장과는 달리 재화의 질(質)이나 가치에 대한 정보가 누구에게나 주어지지 않으며, 그 가치를 인식하기 위해서는 충분한 지식이 필요하기 때문입니다.

그런데 일반적으로 작품의 가치를 아는 사람은 예술가 자신이나 전문가, 또는 그 가치를 알아주는 몇 사람뿐입니다. 일반 대중이나 소비자들은 그 가치를 제대로 알고 있지 못하는 경우가 대부분이지요. 이러한 이유로 공급자와 수요자 사이에는 정보의 비대칭성이 존재하는 것입니다.

이러한 관점에서 보면 생산자와 소비자들 간의 정보의 괴리는 엄청난 것이고, 예술품 시장에서의 이러한 비대칭성은 어떤 시장에서보다 크다고 하겠습니다. 따라서 나의 레몬 시장 이론은 미술 시장에서도 그대로 적용될 수 있는 것입니다. 그렇다면 미술 시장의 특징에 대해서 좀 더 자세히 알아볼까요?

미술 시장의 공급자

미술 시장에서 화가란 자신의 그림을 시장에 공급하는 유일한 생산자라는 점에서 순수 독점 생산자(pure monopolist)라고 할 수 있습니다. 미술품의 경우, 어떤 화가의 작품이냐에 따라 완전히 구별되기 때문입니다. 미술품은 이런 점에서 독특한 성격의 이질적(異質的)인 생산품이라고 할 수 있지요.

엄격하게 말하자면, 화가가 창조한 하나의 작품은 그 자체로서 시장에서 유일한 것이라고 할 수 있습니다. 그렇기 때문에 화가가 죽으면 그 작품의 공급 또한 중단되고 맙니다. 따라서 예술가는 자신이 공급하는 재화나 서비스에 대해서 독점적인 지위를 갖는 생산자라고 할 수 있는 것입니다. 그럼 이 내용을 유명한 화가, 빈센트 반 고흐(Vincent van Gogh)의 그림을 통해서 좀 더 자세히 알아볼게요.

고흐의 그림 중에서 사람들이 가장 좋아하는 그림을 꼽으라면 〈별이 빛나는 밤〉이나 테라스의 야경을 그린 〈밤의 카페〉같은 그림일 것입니다. 이런 그림들을 실제 미술관에서 만나게 되면 그 감흥은 몇 배로 커지지요. 특히 뉴욕 근대 미술관(Museum of Modern Art)에 소장되어 있는 〈별이 빛나는 밤〉을 실제로 보면 물감이 묻어날 듯한 두꺼운 질감이 그대로 느껴집니다. 밤하늘에 빛나는 별들로 어지러운 하늘에서 고흐가 이 그림을 그릴 때의 감정이 관람객들에게 그대로 이입되는 것 같은 착각이 들 정도지요.

1990년 일본의 거품 경제가 한창일 때, 뉴욕 크리스티 경매에서 고흐의 〈가셰 박사의 초상〉이란 작품이 무려 8,250만 달러(원화로

반 고흐의 〈별이 빛나는 밤〉

반 고흐의 〈가세 박사의 초상〉

580억 원)에 팔렸습니다. 낙찰자는 일본에서 손꼽히는 제지 회사 회장이었어요. 고흐가 죽은 지 꼭 100년이 지난 후의 일입니다. 그 전에도 고흐가 남긴 7점의 해바라기 가운데 하나가 일본 보험 회사에 2,475만 파운드에 팔릴 정도로 고흐의 인기는 특히 일본 사람들에게 대단했습니다.

그런데 고흐 생전에는 스스로 단 하나의 그림도 팔지 못했다는 사실을 아십니까? 단지 그가 죽기 5개월 전에 동생 테오 덕분에 〈붉은 포도밭〉이란 작품이 단 돈 400프랑에 팔린 것이 전부지요. 그럼에도 불구하고 지금은 고흐의 그림이 왜 이렇게 비쌀까요?

보통의 시장에서는 재화의 가격이 오르게 되면 생산자들이 공급량을 늘리게 됩니다. 이는 재화의 가격이 계속 오르는 것을 제어하는 효과도 갖지요. 그러나 앞에서도 이미 언급했듯이 고흐의 그림은 그 공급이 제한되어 있습니다. 작품의 생산자인 고흐가 살아있지 않으므로 더 이상 그림을 그려줄 수 없는 것이지요.

시장에서는 그의 그림에 대한 관심이 높아져서 수요가 증가한다고 하더라도 공급량을 증가시킬 수는 없습니다. 때문에 공급량이 조절되지 않아서 가격의 상승을 막을 수 없게 되고, 초과 수요의 압박이 폭발적인 가격 상승으로 나타나게 되는 것입니다.

자, 그러면 수요와 공급 곡선을 통해서 이를 다시 살펴보도록 하지요. 다른 시장의 일반적인 공급 곡선은 점선으로 표시된 S_1처럼 우상향하는 것이 보통이지만, 미술 시장에서는 공급량이 Q_0으로 정해진 수직선 S로 그려집니다. 이는 가격이 아무리 상승해도 공급량은 늘어나지 않는 것을 반영한 것입니다.

이때 수요가 D_0에서 D_1으로 증가하게 되면 가격이 얼마나 변할까요? 일반적인 시장에서는 P'의 수준으로 가격이 결정되지만, 미술 시

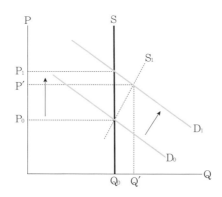

[그림1] 미술 시장의 수요와 공급 곡선

장에서는 P_1의 수준에서 결정됨으로써 더 큰 가격 상승폭을 보여줍니다. 이는 미술 시장에서의 수요의 증가폭이 그대로 가격 상승에 반영되기 때문입니다.

이와 비슷한 다른 예로는 서울 강남의 아파트 가격 폭등 현상을 들 수 있습니다. 이 경우도 미술 시장과 비슷한 수요 공급 조건을 가지고 있기 때문이지요. 강남 학원가를 중심으로 좋은 학군에 위치한 아파트의 수요는 계속 증가하고 있지만, 그 지역의 토지 공급은 한정되어 있어서 아파트의 공급이 늘어나기는 힘듭니다. 그 결과 입학철을 맞아 수요가 급증하면 주택 시장에서 전세 가격만 인상시키는 결과를 초래하는 것입니다.

미술 시장의 매개자

미술 시장에서의 그림은 전통적인 시장에서의 재화와 달리 두 가지 특징을 가집니다. 우선 미술품은 그 자체로 시간이 지나도 변하지 않는 예술품 자체의 객관적 가치, 즉 본원적 가치를 내포하고 있습니다. 또한 그것을 소비하고 향유하는 소비자들이 느끼는 가치, 즉 유효 가치(effectual value)를 지니지요. 이때 유효 가치란 작품을 감상하고 소비하는 향유자가 주관적으로 느끼는 효용 가치를 의미합니다.

그런데 미술 시장에서의 유효 가치는 전통적인 재화의 소비에서 얻어지는 효용처럼 쉽게 얻어지지 않습니다. 빵 한 조각을 소비하는 경우와 추상화 한 점을 감상하는 경우를 비교해 보면 쉽게 알 수 있지요. 추상화와 같은 작품의 경우, 소비자가 얻는 효용의 크기는 작품을 감상하고 그 가치를 인식하는 사람들의 수용 능력에 달려있습니다.

그런데 이러한 능력은 그냥 얻어지는 것이 아니고 끊임없는 교육과 훈련, 그리고 경험의 축적을 통해서 이루어집니다. 그래서 예술 작품에 대한 선호나 안목을 계발하는 데 많은 시간과 물질의 투자를 필요로 하는 것입니다. 때문에 문화나 예술 작품에 대한 다양한 교육이 강조되는 것이지요.

그래서 미술 시장에서 정보의 상대적인 부족으로 발생하는 불확실성 문제는 일반 시장에서 생기는 정보의 부족 문제보다 훨씬 심각하다고 할 수 있습니다. 왜냐하면 재화 시장에서의 불확실성은 정보의 획득으로 어느 정도 제거할 수 있지만, 예술품의 질(質)은 단순한 정보의 획득만으로는 그 가치를 이해하기 어렵기 때문입니다.

그러므로 미술 시장에서는 예술품의 가치에 대한 정보를 소비자들에게 전달해 주는 매개자의 역할이 대단히 중요합니다. 일반 대중들에게 예술품의 진가를 알려주는 매개자가 있으면 미술 시장의 기능은 원활해지고 소비자들은 거래를 통해서 소비자 잉여(consumer surplus)를 획득할 수 있기 때문입니다.

> **소비자 잉여**
> 소비자가 그 재화의 획득을 위해서 기꺼이 지불할 가격과 시장에서 실제로 지불된 가격간의 차이를 통해 소비자가 얻는 이득을 말합니다.

이런 매개자들의 역할은 대개 예술 아카데미, 평론가, 큐레이터, 문화 · 예술 분야 기자, 미술품 경매사 등이 담당하고 있습니다. 이들은 일반 소비자에게 예술품에 대한 소개나 평가를 하고, 관련 정보를 제공하지요. 이로써 작품의 진가에 대해 잘 모르는 소비자들은 이들의 견해나 평가를 구매에 반영시킬 수 있는 것입니다.

따라서 미술 시장에서 좋은 작품들이 더 많이 유통되고 제값을 받으려면 좋은 미술품 감정가나 평론가들이 많아져야 합니다. 또한 이들이 먼저 좋은 미술 작품의 소개자가 되어야 하며, 동시에 그 역할 또한 미술 시장에서 긍정적으로 평가받아야 합니다. 그래야만 미술 시장이 활성화될 것이고, 이를 통해 좋은 작품이 더 많이 발굴될 수 있기 때문이지요.

실제로 후대에 길이 남을 창조적인 걸작들도 당대 비평가들의 형편없는 안목 때문에 그 진가가 발휘되지 못하고 오랫동안 사장(死藏)되어온 작품들이 많이 있습니다. 고흐의 경우도 말년에 그의 동생 테오의 끈질긴 노력이 없었다면, 그의 작품은 오랫동안 잊혀졌을지도 모르는 일이지요. 이런 점에서 미술 시장에서 매개자의 역할은 매우 중요한 것입니다.

한편 미술품은 가치 저장의 수단이기도 합니다. 이는 금융 자산과 마찬가지로 인플레이션이 발생했을 때 실물 자산의 역할을 하기 때문이지요. 만약 이러한 이유로 미술 작품이 투기의 대상이 되면 투기적 자본이 미술 시장에 유입되어 시장이 과열되기도 하는데, 이런 상황에서는 특히 매개자의 긍정적인 역할이 대단히 중요합니다. 미술 시장이 일부 부유한 계층의 특별한 취향에 의해서 지배되거나 혹은 투기적 자본가들의 투기의 대상이나 자본 축적의 도구로 전락하지 않도록 시장의 건전성을 유지시키는 감시자의 역할을 해야만 하기 때문입니다.

백락일고

　미술 시장에서 매개자의 중요성은 천리마에 관한 옛 중국의 고사를 인용하면 실감이 날 것입니다. 『전국책(戰國策)』이라는 역사서에는 '백락일고(伯樂一顧)'라는 고사가 실려 있습니다. 문자 그대로 '백락이 한 번 돌아보다.'라는 뜻이지요.

　백락은 주(周)나라 때에 천리마를 가려내는 혜안을 가지고 있던 사람인데, 어느 날 같은 고을의 말 장수가 찾아와 "기르던 준마 한 마리를 팔려고 시장에 내놓았는데 사흘이 지나도록 팔리지 않는다며 부디 말을 한 번 살펴봐 달라."고 간청을 했습니다. 이에 백락은 바로 다음 날 시장에 나가 부탁받은 말을 이리저리 살펴보고는 돌아갔습니다.

　그러자 놀라운 일이 생겼어요. 사람들이 서로 다투어 그 말을 사려고 했고, 그 값이 순식간에 치솟으며 부르는 값에 지체 없이 팔린 것입니다. 사실 백락이 한 일이라고는 별로 없었습니다. 그저 말 주위를 천천히 돌면서 감탄의 눈길로 살펴보고 난 뒤, 발길을 돌려 돌아가다가 다시 돌아와 말을 재차 살펴 본 것뿐이었습니다. 그러고는 미련이 남는 듯한 시선으로 돌아본 후 단 한 마디의 말도 하지 않고 그냥 돌아갔지요.

　하지만 그의 행동에 사람들은 그 말이 좋은 말이라고 생각할 수밖에 없었습니다. 왜냐하면 그는 말을 감정하는 심미안(審美眼)을 가진 것으로 유명했기 때문이지요. 이러한 정황을 정확하게 예측한 그는 알고 보면 심미안 외에도 사람들의 심리를 기막히게 꿰뚫어 보는 독심술(讀心術)까지 가지고 있었던 것이 틀림없습니다.

　백락의 이야기와 관련한 고사에 대해서 훗날 당나라 때의 대문장가인 한유(韓愈)는 이런 소감을 남겼습니다.

　世有伯樂 然後 有千里馬
　千里馬 常有 而伯樂 不常有

　세상에 백락이 있고 나서 천리마가 있네,
　천리마는 언제나 있으나 (이를 알아보는) 백락은 언제나 있지는 않구나.

노 동 시 장 의
선 별 과 신 호 발 송

레몬 시장 모형은 현실의 여러 시장에서 응용될
수 있습니다. 여기서는 노동 시장에서 고용주와
취업을 희망하는 이들 간에 정보의 격차가 어떠
한 문제를 야기하는지 들여다보기로 합시다.

수능과 유명 대학교의 논술 연계

2005학년도 수능 사회문화 20번

인간 자본과 임금

경제학자들은 다양한 사회 현상에도 경제 분석의 틀을 가지고 합리적인 설명을 시도하고 있습니다. 그 중 가장 강력한 영향력을 보여주는 분야는, 바로 교육의 영역일 것입니다. 사실 지식과 정보에 기반을 둔 현대 후기 산업 사회에서 가장 중요한 것은 무엇보다도 교육이기 때문에 이에 대한 경제적 측면의 분석은 매우 중요합니다.

최근에는 교육의 영역에도 시장 논리가 도입되어 가르치는 자와 배우는 자의 관계를 교육의 공급자와 수요자로 구분합니다. 과거에는 전통적으로 가르치는 입장을 중시하였기 때문에 공급자 중심의 교육이 이루어졌다면 이제는 학생들, 즉 수요자의 요구와 개성을 중시하는 쪽으로 방향이 바뀌고 있지요. 물론 교육 현장을 시장 논리에 의해 공급자와 수요자의 관계로 보는 것은 교육의 기본 메커니즘을

너무 경제적 측면으로만 협소하게 정리하는 것이 아니냐는 염려도 있지요.

그런데 교육이 이렇게 경제학적으로 큰 관심을 얻는 이유는 교육에 의한 지식의 전달 체계 속에서 교육을 받는 이들의 지적인 능력, 즉 이해력, 지능, 인지력 그리고 판단력 등이 향상된다는 사실에 있습니다. 이러한 능력을 경제학자들은 '인간 자본(human capital)'이라고 부릅니다. 그래서 교육을 '사람들의 인간 자본을 증진시켜주는 체계'라고 보는 것이지요.

인간 자본 이론에 입각하면 교육을 받는다는 것은 자기 자신에 대한 일종의 투자로 간주할 수 있습니다. 이러한 투자에는 여러 가지 비용이 수반되는데, 등록금이나 교재 등과 같은 직접 비용뿐만 아니라, 교육을 받는 기간 동안에 취업을 하지 못함으로써 포기할 수밖에 없는 임금과 같은 기회비용도 포함됩니다.

교육을 통해서 자신에게 축적된 인간 자본은 조금 어려운 전문 용어로는 일종의 체화된 자본(embodied capital)이라고 할 수 있습니다. 따라서 교육받은 후에 노동 시장에서 받을 수 있는 임금은 교육을 받지 않았을 때보다는 높을 것입니다. 왜냐하면 '임금이란 노동자의 체화된 인간 자본에 대한 일종의 사용료(rental rate)'라고 할 수 있기 때문입니다. 따라서 교육 투자에 의해서 축적된 인간 자본이 클수록 그에 따른 임금도 높아지게 되겠지요.

노동 시장이란 고용이 이루어지는 시장으로 노동의 수요와 공급에 의해 고용량과 임금 수준이 함께 결정됩니다. 노동 시장에서의 수요자는 기업이고 공급자는 노동력을 제공하려는 노동자들이지요. 기업주가 노동자들을 채용하는 데 있어서 가장 중요한 기준이 되는 것은 바로 생산성입니다. 이것이야말로 채용과 급여의 결정에 가장 중요한 변수가 되지요.

그러나 불행히도 노동자의 생산성은 금방 알아낼 수가 없다는 데 문제가 있습니다. 구직자는 채용 면접 때 자신에게 불리한 정보가 기업주에게 전달되지 않도록 하기 때문에 기업주의 입장에서는 노동자의 생산성에 대한 정보가 상대적으로 부족할 수밖에 없습니다. 결국 기업주는 충분한 정보가 주어지지 않은 상황에서 채용을 결정하는 셈이 됩니다.

> **구직자**
> 일자리를 구하는 사람을 말합니다.

이는 노동 시장에서 노동자들을 고용하려는 기업주와 그 기회를 얻으려는 노동자들 사이에 생산성에 관한 불확실성이 존재하기 때문입니다. 따라서 노동 시장에서도 앞서 레몬 시장에서 본 바와 같이 정보에 대한 비대칭성 문제가 발생하게 되는 것이지요.

그래서 기업주는 구직자들의 생산성을 가늠해 볼 수 있는 눈에 보이는 변수에 의존하게 되는데, 바로 그러한 역할을 하는 요인이 교육 수준인 것입니다. 대부분의 기업이 가지고 있는 자료들에 의하면 구직자의 교육 수준과 생산성 사이에는 뚜렷한 정(正)비례 관계가 있다는 사실을 알 수 있습니다. 이는 노동 시장에서 볼 수 있는 보편적인 현상으로 임금에 대한 통계 자료를 보면 학력 수준과 임금 간에도 정비례의 관계가 뚜렷하게 나타난다고 합니다. 그럼 교육과 관련한 경제 모형을 살펴볼까요?

오랫동안 하버드 대학에 재직해 있었던 마이클 스펜스(A. Michael Spence)는 2001년, 나와 함께 정보의 경제학으로 노벨 경제학상을 수상한 경제학자입니다. 경제학에서 '신호'의 개념을 처음으로 도입하여 노동 시장에서 '신호 모형'을 개발한 것으로도 유명하지요. 스펜스는 이 모형을 통해 기업이 노동자를 고용하고 임금 수준을 결정하는 과정에서의 교육의 역할을 명쾌하게 분석했습니다.

그의 이론에 의하면 교육은 노동 시장에서 일종의 신호의 역할을 합니다. 이것은 복잡하기 때문에 쉽게 설명하기는 어렵지만 중요한 시사점을 제공하기 때문에 간단히 이야기하도록 할게요.

그는 우선적으로 개인의 능력, 즉 생산성은 교육 수준에 비례하며, 교육에 투자되는 비용(직접 비용과 시간 비용)은 능력에 반비례한다고 가정합니다. 즉, 같은 수준의 교육을 받더라도 능력이 뛰어난 사람은 그렇지 못한 사람보다 더 빠른 시간내에 더 적은 비용을 들여 달성할 수 있다고 보는 것이지요. 이러한 이유로 교육의 수준을 인증해 주는 졸업장이 개인의 능력을 가늠해 주는 지표로 작용하게 되는 것입니다. 대학 졸업장을 가진 사람이 그렇지 못한 사람보다 능력이 뛰어났다고 판단하는 것이지요.

그런데 여기에는 한 가지 문제가 있습니다. 학력에 따른 생산성의 격차는 '평균적' 격차를 말하는데, 대학 졸업장이 있는 구직자 모두가 대졸자들의 평균에 해당하는 것은 아닙니다. 그런데 기업이 노동자들의 진정한 생산성을 제대로 파악할 수 없고 단지 교육 수준에 의거해서 가늠해 볼 수밖에 없다면 오류가 생길 수 있습니다.

대학 입시 선발 과정이나 대학의 졸업 제도가 완벽하지 않을 경우, 능력이나 생산성이 떨어지는 사람도 대학 졸업장을 획득할 수 있기 때문이지요. 또한 같은 대학 졸업장을 가지도 있어도 어떤 이는 평균 기대치에 비해 우수한 능력을 보이는 반면에, 어떤 졸업자는 기대 이하의 작업 능력을 보여주는 경우도 있다는 것을 고려해야 합니다. 이런 사람들은 대학 졸업장만 있을 뿐이지 중고차 시장의 불량품, 즉 레몬과 다를 바가 없습니다.

반대로 고등학교 졸업자 가운데에서도 대학 졸업자 못지않은 뛰어난 능력을 가진 사람도 있습니다. 하지만 졸업장이 없다는 이유로 채용이나 임금에 있어서 합당한 대접을 못 받을 가능성도 고려해야 합니다. 이러한 이유로 기업은 채용을 할 때 역선택을 하게 될 위험이 있습니다. 이는 모두 노동자들의 생산성에 대한 정보의 불확실성 때문에 생기는 위험이라고 할 수 있습니다.

졸업장과 학력 인플레이션

대학을 졸업했다는 사실은 앞에서 언급한 것처럼 대학 교육에 의해서 인간 자본이 축적되었다고 여겨지는 지표로서의 기능을 가집니다. 때문에 대학에 입학할 수 있는 기본적 능력에 대한 신호로서 노동 시장에서 임금에 대한 확실한 프리미엄으로 작용하게 됩니다.

그래서 취업을 원하는 구직자는 졸업장을 통해서 자신의 교육 수준을 기업주에게 알리고자 하는 유인을 갖게 됩니다. 그리고 기업주들은 이를 기초로 해서 지원자들을 선별하려고 하지요. 때문에 노동 시장에서는 많은 구직자들이 교육 수준을 높이기 위해 집중하게 됩니다.

그런데 노동 시장에 있는 수많은 구직자들이 모두 교육 수준을 높이고자 하면 어떻게 될까요? 결국에는 모든 사람들도 동일하게 대학 교육을 받기 때문에 이에 따른 신호 효과는 사라지게 될 것입니다.

이런 상황에서 교육을 통한 신호 효과를 확실히 얻으려면 더 높은 교육 수준 즉, 대학원에서의 학위가 필요합니다. 이를 위해 실제로도 많은 사람들이 학위를 취득하기 위해 노력하고 있지요.

하지만 이러한 현상은 결국 '교육의 인플레이션' 현상을 초래하고 맙니다. 구직자 모두의 교육 수준이 지속적으로 상승하기 때문에, 현실에서는 박사 학위를 가지고 있으면서도 실업자로 지내는 경우가 생기는 것입니다. 이는 교육에 대한 투자를 필요 이상으로 하기 때문에 일어나는 일입니다. 신호 이론은 이렇게 사회적으로 교육에 대한 투자가 적정 수준보다 과도하게 이루어질 가능성이 크다는 시사점을 시사해 준답니다.

인턴십 제도

구직자가 회사에 입사하기 위해서는 반드시 이력서가 필요합니다. 이력서 안에는 구직자의 생산성을 추론할 수 있는 각종 정보가 담겨 있기 때문입니다. 나이, 성별, 학력, 경력, 상벌, 특기, 자격증 취득 여부 등의 정보를 객관적으로 살펴볼 수 있지요.

그리고 기업은 대체로 이를 바탕으로 구직자의 채용이나 보수를 결정합니다. 이력서는 마치 보험 시장에서 보험 회사가 가입자들에

게 건강 진단서를 요구하는 것과 같은 의미이지요.

또한 기업주는 학력에 대한 객관적인 자료로서 졸업장 또는 학위증을 요구하며, 학교 재학 중의 성적에 관한 정보를 요구할 수도 있습니다. 이는 학교에서의 성과를 통해 작업장에서의 성과를 가늠하겠다는 뜻이기도 합니다.

이런 이유로 졸업생들의 취업을 중요하게 여기는 대학에서는 학생들에게 유리한 방향으로 성적을 줌으로써 '학점 인플레이션'이라는 또 다른 문제를 유발하기도 하지요. 모두의 학점이 높은 수준이기 때문에 변별력을 잃고 신호의 기능을 제대로 수행하지 못하게 되기 때문입니다.

그래서 기업에서는 신입 사원의 선발 과정에 대개 면접을 필수 과정으로 포함시킵니다. 면접을 통해서 그 사람의 실제 성격이나 능력, 작업장에서의 적응력 등을 분석 · 평가해 보고자 하는 것이지요. 그러나 면접에서도 응시자들은 각자의 능력을 과장해서 표현할 수 있어요. 이렇게 과장된 모습을 제대로 선별해 내지 못한 기업은 역선택을 하게 될 위험이 크지요.

때문에 이러한 위험을 피하기 위해서는 구직자들을 작업 현장에 투입시켜 실제 생산 능력을 알아본 다음에 정식 고용을 결정하는 인턴십 제도(internship system)를 생각해 볼 수 있어요. 이 방식은 실제로 노동 시장에서 기업들이 도입하고 있는 제도이기도 합니다. 최근 대기업에서 점차 인턴십 제도의 실시를 확대하고 있는 추세도 이러한 이유와 무관하지 않지요.

왜냐하면 이 제도가 채용 과정에서의 불확실성을 제거해 주는 역할을 하기 때문입니다. 이 기간은 집중적으로 구직자를 관찰(monitoring)해 볼 수 있는 시간으로서, 생산성에 대한 보다 정확한 정보를 획득할 수 있도록 돕습니다. 그래서 인턴십 제도는 고용주가 채용을 결정할 때, 레몬을 선택할 위험을 제거하는 장치라고 할 수 있습니다.

안녕하십니까?
제가 이 회사에 다니게 된다면
목숨 걸고 최선을 다하겠습니다.

오래 전부터
이 회사에
다니는 꿈을
키워 왔습니다.

고학력자 중심으로
거르고 나서 그런지

히나같이 말들은
잘하는군.

예전보다 지원자들
학력이 훨씬
높아진 것 같군.

네. 아무래도 취업 시장에서는
교육 수준이 가장 큰
신호의 역할을 하니까요.

하지만 이렇게 다들 학력이 높으니
오히려 사원을 선별하는데
어려움이 있습니다.

그렇지.
다른 능력도
한 번 알아봐야
할 텐데….

여러분은 앞으로 3개월 동안
우리 회사에서 인턴 사원으로
근무하게 되었습니다.

기업은 이력서와 인턴 사원 제도를
통해서 레몬을 선택할 위험을 제거하고자
노력합니다.

"다양한 사회 문제도
폭넓게 다루는 연구를 했지요"

완전 경쟁 시장에서는 거래에 참여하는 공급자와 수요자 모두에게 완전한 정보가 제공된다고 가정합니다. 이러한 조건이 충족될 때, 효율적인 시장으로서의 기능을 수행할 수 있지요. 그런데 현실의 시장이 언제나 효율적인 것은 아닙니다. 이는 앞에서 배운 것처럼 모두에게 완전한 정보가 제공되지 않기 때문입니다.

이로써 우리는 불확실한 상황 아래서 개인적인 기대나 선호에 의지하여 선택을 할 수밖에 없으며, 그에 따르는 위험은 언제나 개인의 몫으로 남게 됩니다. 그 과정에서 역선택의 위험이 있는 레몬 시장을 만날 확률도 매우 크지요. 이는 모두 정보의 비대칭성 때문에 발생하는 문제입니다.

특히 요즘과 같은 시대에 정보는 경제적 자원으로서 경제재에 해당합니다. 시장에서 거래 당사자들 간에 계약이 이루어지기 전, 혹은 그 이후에 어느 한쪽의 정보가 감추어져 있다면 시장은 비효율적으로 작동하게 되지요.

그래서 정보의 비대칭성 문제를 시장 실패의 대표적인 유형 중 하나로 분류하는 것입니다. 이때 상대방의 감추어진 특성 때문에 레몬을 선택하게 되는 역선택의 문제나, 어느 일방의 감추어진 행동 때문에 통제가 불가능한 도덕적 해이의 문제는 우리 주변에서도 쉽게 찾아볼 수 있는 것들이기도 합니다.

이를 방지하기 위해서 시장에서는 정보를 갖지 못한 거래자가 선별 장치를 통해 레몬을 피하고, 반대로 정보를 가진 거래자가 신호를 발송하여 상대방에게 정보를 제공하기도 합니다. 또한 계약 후에도 일정한 유인책을 통해 거래자가 도덕적 해이에 빠지지 않도록 하지요. 이는 여러분이 수업을 통해서 모두 이해하고 있을 것입니다.

그럼 마지막으로 내가 경제학에 대해 어떤 철학을 가지고 있는지 이야기하고 마치도록 할게요. 앞의 인터뷰에서도 보았겠지만 나는 여러 가지 사회·경제적인 문제들에 대해서 명쾌한 분석과 처방을 내놓았습니다. 특히 실업 문제나 사회 계급, 차별, 사회 관습, 신뢰 등과 같이 보통의 경제학자들이 다루지 않는 문제들을 폭넓게 다루었지요. 우리가 배운 불확실한 상황에서 생기는 문제들 역시 가장 먼저 분석해 내었답니다. 그럼 경제학에 대한 나의 철학을 단편적으로 보여줄 수 있는 글을 하나 소개할게요.

"경제학자들은 프랑스 요리사들이 음식을 만들 때 어떤 불문율에 의해서 그 내용물을 제한하듯이 그런 방식으로 정형화된 모형을 발전시켜왔다. 전통적인 프랑스 요리에서 미역이나 날 생선을

쓰지 않듯 우리가 다루는 신고전학파 경제 모형에서는 심리학, 인류학, 혹은 사회학에서 사용되는 가정들을 사용하지 않는다. 하지만 나는 경제 모형에서 다루는 내용의 본질을 제한하는 어떠한 규칙에도 반대한다."

—『경제학자의 우화집』

앞에 제시된 저서의 내용처럼 나는 보통의 경제학자들이 다루지 않은 인류학, 심리학, 사회학 등에서 다루는 인간의 심리나 행위를 경제학의 영역에서 다루려고 노력해 왔습니다. 여러분도 나와 같이 우리 일상생활에 가깝게 존재하고 있는 경제학에 대해서 다시금 생각해 볼 수 있기를 바랍니다. 경제학은 깊이 있는 분석과 통찰력으로 현실의 문제들을 살펴볼 수 있는 매력적인 학문이기 때문입니다.

기출 문제 활용 노트

2007년도 수능 11번

다음 그림의 대화를 통해 추론한 내용으로 적절한 것을 〈보기〉에서 모두 고른 것은? [3점]

〈보기〉

> ㄱ. 위 작품의 진품의 공급 곡선은 수직이다.
> ㄴ. 위 작품의 진품 가격은 희소성과 관련이 있다.
> ㄷ. 위 작품의 진품 소유자는 진품의 공급을 독점하고 있다.
> ㄹ. 모방한 작품의 가격이 낮은 이유는 수요 곡선이 비탄력적이기 때문이다.

① ㄱ, ㄴ　　　② ㄴ, ㄷ　　　③ ㄷ, ㄹ

④ ㄱ, ㄴ, ㄷ　　　⑤ ㄴ, ㄷ, ㄹ

제7회 전국 고교생 경제 한마당(KDI) 23번

다음 자료에서 지혜와 보아가 생각하는 것과 같은 문제를 해소할 수 있는 방안을 〈보기〉에서 찾아 순서대로 바르게 나열한 것은? [2점]

> 최근 정부는 상환 능력은 있는데 신용이 좋지 않아 일반 은행을 이용하기 어려운 사람들의 자활을 돕기 위해 무담보 무보증으로 대출을 해 주는 '미소금융제도'를 도입했어요. 오늘은 이에 대해 토론해 볼까요?
> 우리나라에서 미소금융제도가 필요한 이유는 저신용자를 위한 대출시장이 미약하기 때문이에요. 담보나 거래 실적이 부족한 저신용자의 경우, 은행이 차입자의 상환 능력과 상환 의지에 대한 정보를 가지고 있지 않아 차입자가 높은 이자를 부담한다고 해도 선뜻 대출을 해 줄 수 없겠죠.
> 담보나 보증이 없는 상황에서 차입자가 돈을 갚을 유인이 있을지 의문이 들어요.

〈보기〉

> ㄱ. 기업이 임원의 보수 중 일부를 스톡옵션으로 제공한다.
> ㄴ. 주식 시장에 상장된 기업은 기업의 정보를 충분히 공시하도록 한다.
> ㄷ. 중고차 시장에서 전문 지식을 보유한 딜러가 품질보증서를 발급한다.
> ㄹ. 자동차 보험에 가입한 운전자가 교통사고를 내면 수리비의 일부를 보험 가입자가 부담하게 한다.

	<u>지혜</u>	<u>보아</u>
①	ㄱ, ㄴ	ㄷ, ㄹ
②	ㄱ, ㄷ	ㄴ, ㄹ
③	ㄱ, ㄹ	ㄴ, ㄷ
④	ㄴ, ㄷ	ㄱ, ㄹ
⑤	ㄴ, ㄹ	ㄱ, ㄷ

● 기출 문제 활용 노트 답안

〈2007년도 수능 11번〉 답 ④

이 문제에서 제시된 작품의 진품은 한 개로 일정하기 때문에 ㄱ에 제시된 것처럼 공급 곡선이 수직으로 주어집니다. 어떤 재화의 공급량이 일정할 경우, 공급 곡선은 수직으로 그려지기 때문입니다. 이는 우리가 앞의 본문에서도 살펴본 내용으로, 미술 시장에서 작품의 공급과 수요 곡선을 설명한 부분을 다시 살펴보면 더욱 이해하기가 쉬울 것입니다.

작품이 진품일 경우 이를 원하는 사람들은 많지만 공급이 한정되어 있기 때문에 그 가격이 희소성과 관련이 있다는 ㄴ의 설명은 맞습니다. 그래서 ㄷ의 설명처럼 진품의 소유자는 진품의 공급을 독점하고 있는 것입니다. 하지만 ㄹ에서 모방한 작품의 가격이 낮은 이유로 수요의 비탄력성을 드는 것은 잘못된 것입니다. 탄력성의 개념은 아직 배우지 않아서 잘 모를 수도 있어요. 하지만 모방한 제품은 공급량이 많고, 그에 비해 높은 가격을 주고 사려는 소비자들은 많지 않을 것이라는 것은 충분히 예측할 수 있겠지요? 따라서 정답이 ④번이 되는 것입니다.

〈제7회 전국 고교생 경제 한마당(KDI) 23번〉 답 ④

제시된 지문에서는 저신용자들의 상환 능력에 대한 정보의 비대칭성 문제가 제기되고 있습니다. 이에 대해 지혜는 저신용자의 상환 능력과 상환 의지에 대한 정보를 가지고 있지 않아서 발생하는 '역선택'의 문제를 들어, 미소금융제도의 필요성을 역설하고 있어요. 하지만 보아는 차입자가 돈을 갚지 않아 '도덕적 해이'가 발생할 수 있다는 문제점을 이야기하고 있습니다.

역선택을 해결하기 위해서는 정보를 더 많이 가지고 있는 거래자가 상대방에게 정보를 공개하여야 하는데 이를 신호 발송이라고 합니다. 반면, 도덕적 해이를 해결하기 위해서는 거래 상대방에게 유인책을 제공하는 방법이 있지요. 따라서 〈보기〉에서 제시된 해결책 중 신호 발송과 관련된 ㄴ과 ㄷ은 지혜의 생각에, 상대방에게 유인책을 제공하는 ㄱ, ㄹ은 보아의 생각에 부합한다고 볼 수 있습니다.

● 찾아보기

경제학자가 들려주는 경제 이야기 10

애커로프가 들려주는 레몬 시장 이야기

© 최병서, 2011

초판 1쇄 발행일 2011년 8월 11일
초판 11쇄 발행일 2022년 12월 1일

지은이   최병서
그린이   남기영
펴낸이   정은영

펴낸곳   (주)자음과모음
출판등록 2001년 11월 28일 제2001-000259호
주소   10881 경기도 파주시 회동길 325-20
전화   편집부 02) 324-2347 경영지원부 02) 325-6047
팩스   편집부 02) 324-2348 경영지원부 02) 2648-1311
이메일   jamoteen@jamobook.com

ISBN 978-89-544-2560-5 (44300)

과학공화국 법정시리즈 (정완상 지음 | 전 50권)

생활 속에서 배우는 기상천외한 수학 · 과학 교과서!
수학과 과학을 법정에 세워 '원리'를 밝혀낸다!

이 책은 과학공화국에서 일어나는 사건들과 사건을 다루는 법정 공판을 통해 청소년들에게 과학의 재미에 흠뻑 빠져들게 할 수 있는 기회를 제공한다. 우리 생활 속에서 일어날 만한 우스꽝스럽고도 호기심을 자극하는 사건들을 통하여 청소년들이 자연스럽게 과학의 원리를 깨달으면서 동시에 학습에 대한 흥미를 가질 수 있도록 구성하였다.

역사공화국 한국사법정 (전 60권)
세계사법정 (31권 출간)

교과서 속 역사 이야기, 법정에 서다!
법정에서 펼쳐지는 흥미로운 역사 이야기

흔히들 역사는 '승자의 기록'이라 말합니다. 그래서 대부분의 역사 교과서나 역사책은 역사 속 '승자'만을 중심으로 이야기하지요. 그렇다면 과연 역사는 주인공들만의 이야기일까요?

역사 속 라이벌들이 한자리에 모여 재판을 벌이는 역사공화국 한국사·세계사법정에서는 교과서 속 역사 이야기가 원고와 피고, 다채로운 증인들의 입을 통해 소송을 벌이는 '법정식' 구성으로 극적 재미를 더하고 있습니다. 이를 통해 독자는 역사 속 인물들의 치열한 공방을 따라가며 역사를 입체적으로 살펴볼 수 있습니다.